www.ingramcontent.com/pod-product-compliance
Lightning Source LLC
LaVergne TN
LVHW050813051026
849532LV00008B/2978
* 9 7 8 9 3 6 9 0 8 4 0 1 2 *

# فکر کے زاویے

(علمی و تحقیقی مضامین)

عبد الماجد دریابادی

**Fikr ke zaaviye** (Literary Essays)

by: Abdul Majid Daryabadi

Edition: February '2026
Publisher :
*Taemeer Publications LLC* (Michigan, USA / Hyderabad, India)

ISBN 978-93-6908-401-2



کتاب : **فکر کے زاویے**

مصنف : **عبدالماجد دریابادی**

صنف : تحقیق و تنقید

ناشر : تعمیر پبلی کیشنز (حیدرآباد، انڈیا)

سالِ اشاعت : ۲۰۲۶ء

صفحات : ۶۶

سرورق ڈیزائن : تعمیر ویب ڈیزائن

# فہرست

# پیش لفظ

مولانا عبد الماجد دریابادی اردو ادب و صحافت کی اُن ہمہ جہت شخصیات میں سر فہرست ہیں جنھوں نے ہر صنفِ تحریر میں اپنا منفرد مقام بنایا۔ فلسفہ، تفسیر، سوانح، مرثیہ، طنز و نقد — کوئی میدان ایسا نہیں جہاں ان کا قلم نہ پہنچا ہو اور اہلِ فن نے اسے سراہا نہ ہو۔ ان کے مشہور کالم "سچی باتیں" نے نصف صدی سے زائد عرصے تک برصغیر کے سنجیدہ حلقوں کو فکری روشنی بخشی؛ لکھنؤ سے نکلنے والا ایک کالم ہندوستان و پاکستان کے بڑے اخبارات میں نقل ہو کر فوری طور پر شائع ہوتا تو یہ محض صحافتی کامیابی نہیں، ایک عظیم سوچ اور اسلوب کی قبولیت کی دلیل تھی۔ بارہ بنکی کا چھوٹا سا قصبہ دریا آباد ان کے نام سے عالمِ اردو میں مشہور ہو گیا۔

"فکر کے زاویے" مولانا کے پانچ منتخب ادبی و فکری مضامین کا ایک ایسا مجموعہ ہے جو ادب، تہذیب، مذہب اور انسانی نفسیات کے مختلف زاویوں سے جھانکتا ہے۔ یہ مضامین "پریم چند"، "میری محسن کتابیں"، "ایک مغربی کی مشرقیت"، "لبیک،

لبیک (حج منظر نامہ)" اور "سچی باتیں" (سات کالم: 'حمیت دینی'؛ 'حضور اکرم ﷺ کی پکار'؛ 'ایمان و عمل'؛ 'موت وحیات کی کشمکش'؛ 'اتہام تراشی'؛ 'اتحاد و اتفاق کا عملی نمونہ'؛ 'انکار حدیث کا فتنہ') پر مشتمل ہیں۔

"پریم چند" میں مولانا ہندی اردو افسانہ نگاری کے اس بے مثال فنکار کی ادبی خدمات، سماجی بصیرت اور انسانی ہمدردی کی جہتوں کا جائزہ لیتے ہیں؛ وہ پریم چند کی تخلیقات کو محض داستان سمجھنے کی بجائے ایک فکری آئینہ قرار دیتے ہیں جو ہندوستانی تہذیب کے تضادات کو عکاسی کرتی ہے۔ "میری محسن کتابیں" ایک انفرادی اعتراف نامہ ہے جہاں مولانا اپنی زندگی کی ان کتابوں کا ذکر کرتے ہیں جنہوں نے ان کی فکری نشوونما کی، ان کی روحانی گہرائی بڑھائی اور ذہنی زاویوں کو وسعت بخشی؛ یہ مضمون ہر قاری کو اپنی محسن کتابوں کی یاد دلاتا ہے۔ "ایک مغربی کی مشرقیت" میں وہ ایک مغربی ذہن کی مشرقی فکر سے وابستگی کو بیان کرتے ہیں، مشرق و مغرب کی ثقافتی ہم آہنگی اور فکری ملتے جلتے پہلوؤں کو اجاگر کرتے ہوئے دکھاتے ہیں کہ انسانی سوچ کی کوئی سرحد نہیں ہوتی۔

"لبیک، لبیک (حج منظر نامہ)" حج کے عظیم الشان منظر کو ایک زندہ، جذباتی اور فکری منظرنامہ کی صورت میں پیش کرتا ہے؛ یہاں مولانا حج کے روحانی، سماجی اور نفسیاتی اثرات کو ایسے بیان کرتے ہیں جیسے قاری خود کعبہ کے گرد گھوم رہا ہو، لبیک کی بازگشت سن رہا ہو۔ "سچی باتیں" کے سات کالموں میں "حمیت دینی" سے "انکار حدیث کا فتنہ" تک دینی و اخلاقی مسائل پر گہری بصیرت بھری تحریریں ہیں: نبی اکرم ﷺ کی دعوت کی پکار، ایمان و عمل کا توازن، موت و زندگی کی جدوجہد،

فرقہ وارانہ الزام تراشیوں پر تنقید، مسلم اتحاد کی عملی مثالیں اور حدیث کی توثیق جیسے موضوعات کو مولانا اپنے مخصوص استدلالی انداز میں سلجھاتے ہیں۔

مولانا دریابادی کا اسلوب ان مضامین میں اپنی پوری آب و تاب کے ساتھ جھلکتا ہے: سادہ مگر سلیس زبان، شوخ استدلال، خود گفتگوئی کا فن، اور موضوع کی گہرائی میں اترنے کی صلاحیت۔ فلسفہ ان کا پسندیدہ موضوع ہونے کے باوجود بحثیں خشک نہیں، بلکہ بول چال کی روانی اور مثالوں سے مزین ہوتی ہیں۔ مغربی و مشرقی روایات، دینی شعور اور ادبی بصیرت کا یہ امتزاج ان کی تحریر کو منفرد بناتا ہے۔
"فکر کے زاویے" محض مضامین کا مجموعہ نہیں، بلکہ ایک عظیم ادیب کی فکری دنیا کا آئینہ ہے جو پریم چند کی حقیقت نگاری سے لے کر حج کی روحانی جھلک اور دینی مسائل تک، ہر جگہ سوچ کے نئے زاویے کھولتا ہے۔ آج کے قاری کے لیے یہ کتاب نہ صرف ادبی لذت کا ذریعہ ہے بلکہ فکر کرنے، پڑھنے اور سمجھنے کے فن کو نئی جہت بھی عطا کرتی ہے۔

ا

# پریم چند

الف لیلہ اور داستان امیر حمزہ کے دور اقبال کا آفتاب جب غروب ہونے کو آیا اور بوستان خیال اور طلسم ہوشربا کے دفتر جب زمانے کے ہاتھوں داخل دفتر ہونے لگے تو "صاحب" کے قدموں کی برکت سے ایک نئی دنیا دلوں اور دماغوں کی خیالات اور جذبات کی سرزمین ہند میں آباد ہونے لگی۔ اور اس دیس کے لوگ ایک نئی چیز، اور نئے نام "ناول" سے آشنا ہونے لگے۔ "طلسمات" کی جگہ اب سین اور سینری، "کوہ قاف" کی جگہ شہر کی گلیاں اور بالا خانے، "شہباز فکر" کی جگہ پلاٹ، دیووں اور شہزادوں کی جگہ "ہیرو" اور پریوں اور شہزادیوں کی جگہ ہیروئن!

شاگرد نے استاد کے منہ سے نکلے ہوئے انچھر گرہ میں باندھ لیے اور خود بھی وہی بولنا اور وہی سوچنا، وہی لکھنا اور وہی پڑھنا شروع کر دیا جس کے سبق اسکول اور کالج میں پڑھے تھے۔ اردو میں ناول چھپنے لگے اور بکنے لگے، لکھے جانے لگے اور پڑھے جانے لگے، اور ناول بھی ہر رنگ کے ہر ڈھنگ کے۔ کوئی تاریخی اور کوئی محض خیالی، کوئی معاشرتی اور کوئی اصلاحی، پیسہ اخبار اسٹریٹ، اکی طرف جانکلیے تو "جاسوسی" بھی اور ادب لطیف کے ضلع میں آجایئے تو قاموسی" بھی۔ شرؔر و سرشارؔ

اپنے اپنے فن میں استاد، ناول نویسوں کے لشکر کے علمبردار اور پیچھے چلنے والوں کی تعداد بے شمار۔

بات میں بات نکلتی ہے اور شاخ سے شاخ۔ بڑے ناول تو کتابی صورت کے لیے مخصوص رہے۔ ان کے ولی عہد، مختصر افسانے پیدا ہوئے اور وہ رسالوں اور ماہناموں میں نکلنے لگے۔ بازار میں ان کی مانگ بھی خوب رہی، اور ناول اور مختصر افسانے علم وادب کی شاخ تو کسی ایک ہی آدھ کے لیے رہے البتہ ایک پر منفعت تجارت اور کامیاب کاروبار بہتوں کے لیے بن گیا۔ لیکن ان سب میں ہوتا کیا تھا؟ ناول ہو یا "شارٹ اسٹوری" عام ذہنوں کے سامنے ان کا مفہوم تھا کیا؟ وہی حسن وعشق کی پرانی داستان، وہی لیلیٰ ومجنوں، شیریں وفرہاد کی ہزار ہامرتبہ کی دہرائی ہوئی کہانی جو لاکھ پرانی ہونے پر بھی اب تک پرانی نہیں ہوئی ہے، یہ مضمون ہے کہ ہوگا نہ پرانا ہرگز۔

بس یہی فلاں کی آنکھ فلاں سے لڑ گئی۔ فلاں کے ساتھ نکل گئی۔ اس کی عصمت یوں لٹی، اس کی آبرو یوں بچی۔ کسی کے لب پر آہ سوزاں کسی کے جگر میں زخم پیکاں۔ یہ اس پر مفتوں، وہ اس کے لیے مجنوں۔ ایک اپنی آرزوؤں اور تمناؤں میں کامیاب ہو گیا، دوسرا ناشاد ونامراد دنیا سے کوچ کر گیا۔ گویا ہر داستانِ حیات، داستان نل ودمن۔ اور ہر افسانۂ زندگی افسانہ شیریں وکوہکن۔ ناول کی دلکشی کا راز عشق وعاشقی کی گھاتوں میں، اور ناول نویس کے قلم کا اعجاز جوانی کی راتوں میں۔ کہتے ہیں افسانہ نام ہے ایک ممکن زندگی کی حکایتی مصوری کا لیکن یہاں زندگی مترادف تھی صرف ہجر ووصال کے، صرف رخ وخال کے۔ گویا انسانی زندگی اپنی

ساری رنگا رنگی اور بوقلمونی کے باوجود کیا تھی؟ تھیٹر کے اسٹیج کی ایک آہ اور دنیائے عمل اپنی ساری وسعت و پہنائی کے باوجود کیا تھی؟ محفل مشاعرہ کی ایک واہ۔

یہ رنگ تھے اور کچھ ایسے ڈھنگ کہ ایک گوشہ سے چپکے سے پریم چند نمودار ہوئے اور دیکھتے ہی دیکھتے فضا کی کایا پلٹ کر گئے۔ آئے دبے پاؤں خاموشی سے، آتے وقت نہ شور ہوا نہ ہنگامہ لیکن جب گئے تو یارانِ بزم کا انداز ہی کچھ سے کچھ تھا۔ جب تک رہے نہ کسی سے جھگڑے نہ کسی سے الجھے، شکل آپ دیکھتے تو سادہ۔ بات چیت کرتے تو سادہ تر پاتے۔ بس یہ معلوم ہوتا کہ شہر کے نہیں کسی قصبہ کے معمولی سے پڑھے لکھے آدمی ہیں۔ اور زیادہ کرید اگر آپ نہ کرتے تو یہ بھی نہ پتہ چلتا کہ ہیں کس مذہب کے۔ رہے اب تک تو یوں رہے اور گئے تو ایک جدید اسلوب کی بنیاد رکھ کر، صاحبِ طرز ہو کر، یا "صاحب" کے محاورہ میں اپنا ایک مستقل "اسکول" چھوڑ کر۔ یہ نہیں کہ پریم چند سے پہلے کسی کو عام ڈھرے سے ہٹنے کا خیال ہی نہ آیا ہو۔ مستثنیات کس کلیہ میں نہیں ہوتے۔ اردو میں بھی بعض باکمال یقیناً ایسے گزر چکے تھے جن کا قلم ان بے اعتدالیوں اور عریانیوں سے بالکل بچ بچ کر چلا، اور جو زندگی کو زندگی سمجھے، شاعری کا مترادف نہیں سمجھے لیکن ان کی کوششیں اور کاوشیں بس انہیں کی ذات تک محدود رہیں۔ دریا میں پتھر آکر گرا، چکر بنا، تلاطم ہوا، لیکن آناً فاناً سب غائب اور ذری دیر میں سطح برابر۔ دھارے کا رخ پھیرنا، وہ جتنا بھی سہی، پریم چند ہی کے نصیب میں آیا۔

پریم چند خود تو اپنی کتابوں میں بازار حسن کو نمبر اول پر رکھتے تھے۔ لیکن اس کم سواد بے استعداد کا خیال ہے کہ سب سے بڑھ چڑھ کر ان کی ضخیم کتاب

دو جلدوں اور ایک ہزار صفحہ والی چو گان ہستی ہے۔ کہیں سے بھی کھول لیجئے یکساں دلچسپ۔ شروع کر دینا شرط ہے، ختم کیے بغیر جی ماننے کا نہیں۔ آورد اور تصنع کہنا چاہیے کہ ان کا قلم جانتا ہی نہ تھا۔ جو بھی صفحہ الٹ کر دیکھئے سادگی، بے ساختگی، آمد کے لحاظ سے خطۂ گلزار۔ جس حصہ کا بھی انتخاب کیجئے دل کشی، دلآویزی اور جاذبیت کے اعتبار سے نمونۂ بہار۔ جان سیوک نامی بنارس کے ایک دیسی "صاحب" عیسائی مذہب کے شخص ہیں پکے دنیا دار۔ نوجوان لڑکی "سوفیا" کا رجحان ہندو مذہب کی جانب ہو جاتا ہے، ایک موقع پر ماں بیٹی سے دوبدو گفتگو ہو پڑتی ہے، اور درمیان لڑکی کے بوڑھے دادا اور جہاں تک محض ظاہری احکام کا تعلق ہے، بڑے دیندار مسیحی ایشور سیوک آجاتے ہیں۔ سب کی سیرتیں ملاحظہ ہوں،

"سوفیا، میں مذہبی معاملات میں اپنے ضمیر کے سوا اور کسی کے احکامات کو نہیں مانتی۔"

مسز سیوک میں تجھ کو اپنی اولاد نہیں سمجھتی اور تیری صورت نہیں دیکھنا چاہتی۔ یہ کہہ کر وہ سوفیا کے کمرے میں گھس گئی اور اس کی میز پر سے بودھ مذہب اور ویدانت فلاسفی کی کئی کتابیں اٹھا کر باہر برآمدہ میں پھینک دیں۔ اسی جوش میں انہیں پیروں سے کچلا اور پھر جا کر مسٹر ایشور سیوک سے بولیں، پاپا آپ سوفی کو ناحق بلا رہے ہیں وہ حضرت مسیح کی ہجو کر رہی ہے۔

مسٹر ایشور سیوک ایسا چونکے گویا بدن پر آگ کی چنگاری گر پڑی ہو اور اپنی بے نور آنکھوں کو پھاڑ کر بولے، کیا کہا سوفی! حضرت مسیح کی ہجو کر رہی ہے؟ سوفی؟

مسز سیوک ہاں ہاں سوفی کہتی ہے مجھے ان کے معجزوں، ان کے مواعظ اور

احکامات پر اعتقاد نہیں ہے۔

ایشور سیوک (ٹھنڈی سانس کھینچ کر) یسوع! مجھے اپنی دامن میں چھپا، اپنی گمراہ بھیڑوں کو راہ راست پر لا! کہاں ہے سوفی! مجھے اس کے پاس لے چلو۔ میرے ہاتھ پکڑ کر اٹھاؤ، خدا میری بیٹی کے دل کو ایمان کے نور سے منور کر۔ میں اس کے پیروں پر گروں گا، اس سے منتیں کروں گا، اس کو عاجزی سے سمجھاؤں گا، مجھے اس کے پاس لے چلو۔

مسز سیوک میں سب کچھ کر کے ہار گئی، اس پر خدا کا قہر ہے۔ میں اس کی صورت نہیں دیکھنا چاہتی۔

ایشور سیوک بیٹی ایسی باتیں نہ کرو، وہ میرے گوشت کا گوشت میرے خون کا خون میری جان کی جان ہے۔ میں اسے کلیجہ سے لگاؤں گا۔ یسوع نے کافروں کو سینہ سے لگایا تھا، سیہ کاروں کو اپنے دامن میں پناہ دی تھی، وہ میری "سوفیا" پر ضرور رحم کرے گا۔ یسوع مجھے اپنے دامن میں چھپا۔

جب مسز سیوک نے اب بھی سہارا نہ دیا تو ایشور سیوک لکڑی کے سہارے اٹھے اور لاٹھی ٹیکتے ہوئے "سوفیا" کے کمرے کے دروازے پر آکر بولے، بیٹی سوفی کہاں ہے؟ ادھر آبیٹی! تجھے گلے سے لگاؤں، ہمارا یسوع خدا کا دلارا بیٹا تھا، غریبوں کا مدد گار، کمزوروں کا محافظ، مفلسوں کا دوست، ڈوبتوں کا سہارا، گناہگاروں کا شافع، دکھیوں کا بیڑا پار کرنے والا۔ بیٹی! ایسا اور کون سا نبی ہے جس کا دامن اتنا وسیع ہو، جس کی گود میں دنیا کے سارے گناہوں، ساری برائیوں کے لیے جگہ ہو۔ وہی ایک

ایسا نبی ہے جس نے بدکاروں کو، کافروں کو، گناہ گاروں کو نجات کا مژدہ دیا۔ نہیں تو ہم جیسے ناپاک لوگوں کے لیے نجات کہاں تھی؟ ہم کو بچانے والا کون تھا؟ یہ کہتے کہتے انہوں نے "سوفیا" کو گلے سے لگالیا۔

یہ ساری گفتگو اول سے آخر تک کتنی سچی اور کیسی مطابق واقعہ ہے۔ صرف آخری ٹکڑے میں ذراسی سے لغزش ہو گئی ہے۔ جہاں حضرت مسیح کو ایک مسیحی کی زبان سے خدا کا نبی کہا ہے۔ یہ عقیدہ اسلامی ہے، مسیحی نہیں، مسیحیوں کے نزدیک تو خدا کے اکلوتے بیٹے کو نبی کہنا اس کی توہین کرنا ہے، لیکن ایسی خفیف لغزشیں افسانہ میں اور وہ بھی محض ضمناً قابل اعتنا نہیں۔

انہیں "مس سوفیا" پر ضلع کے انگریز نوجوان کلکٹر مسٹر کلارک کا دل آجاتا ہے اور کورٹ شپ شروع ہو جاتی ہے۔ صاحب بہادر معہ سوفیا کے ایک بڑی ریاست جسونت نگر میں مہمان ہیں۔ یہیں جیل میں مشہور محب وطن اور رئیس زادہ ونے سنگھ، "سوفیا" کا دل سے چاہنے والا قید ہے۔ سوفیا بھی حقیقتاً دل سے اس کی طرف مائل ہے۔ کلکٹر کے ساتھ محض مصلحتاً نباہ کر رہی ہے، دیوان ریاست سردار نیل کنٹھ مہمانداری کی خدمات کے لیے وقف ہیں۔ سوفیا جیل میں ونے کو دیکھ اپنا اشتیاق پورا کرنا چاہتی ہے اور اس لیے جسونت نگر میں ابھی اور ٹھہرنا ضروری ہے۔ اس کے بعد اصل گفتگو اب خود سنیے،

"شہر کا گشت کر کے سوفیا مسٹر کلارک، سردار نیل کنٹھ اور دو ایک اعلیٰ ملازمین سرکاری توشاہی محل میں آکر رونق افروز ہوئے۔ بقیہ لوگ رخصت ہو

گئے۔ میز پر چائے لائی گئی، مسٹر کلارک نے بوتل سے پیالہ میں شراب ڈالی تو سردار صاحب جنہیں شراب کی بو سے نفرت تھی کھسک کر سوفیا کے پاس جا بیٹھے اور بولے، جسونت نگر آپ کو کیسا پسند آیا؟

سوفیا نہایت پر فضا مقام ہے۔ پہاڑیوں کا منظر نہایت و دلفریب ہے۔ شاید کشمیر کے سوا ایسا قدرتی نظارہ اور کہیں نہ ہوگا۔ شہر کی صفائی سے جی خوش ہو گیا۔ میرا تو جی چاہتا ہے کہ کچھ دنوں میں یہیں رہوں۔

نیل کنٹھ ڈر گئے۔ ایک دوروز تک تو پولیس اور فوج کی طاقت سے شہر کو پر امن رکھا جا سکتا ہے مگر مہینے دو مہینے تک کسی طرح بھی بالکل ناممکن ہے۔ کہیں یہ لوگ ٹھہر گئے تو شہر کی واقعی حالت ضرور ہی روشن ہو جائے گی۔ نہ جانے اس کا کیا انجام ہو۔ بولے یہاں کی ظاہری دلفریبی کے دھوکے میں نہ آئے۔ آب و ہوا بہت خراب ہے، آگے جا کر آپ کو اس سے زیادہ بہتر مقامات دیکھنے کو ملیں گے۔

سوفیا کچھ ہی ہو، میں یہاں دو ہفتے ضروری ہی رہوں گی۔ کیوں ولیم تمہیں یہاں سے جانے کی جلدی تو نہیں ہے؟

کلارک تم یہاں رہو تو میں دفن ہو جانے کو تیار ہوں۔

سوفیا لیجئے سردار صاحب ولیم کو کوئی اعتراض نہیں ہے۔

سوفیا کو سردار صاحب کے دق کرنے میں مزہ آرہا تھا۔

نیل کنٹھ پھر بھی میں آپ سے یہی عرض کروں گا کہ جسونت نگر بہت اچھی جگہ نہیں ہے۔ آب و ہوا کی خرابی کے علاوہ یہاں کی رعایا میں بدامنی کی علامات پیدا

ہو گئی ہیں۔

سوفیا جب تو ہمارا یہاں رہنا اور بھی ضروری ہے، میں نے کسی ریاست میں یہ شکایت نہیں سنی۔ گورنمنٹ نے ریاستوں کو اندرونی انتظامات میں خود مختار بنا رکھا ہے لیکن اس کا یہ مطلب نہیں ہے کہ ریاستوں میں بغاوت کے جراثیم کو نشونما پانے کا موقع دیا جائے، اس کی ذمہ داری ریاست کے حکام پر ہے اور گورنمنٹ کو اختیار ہے کہ وہ اس غفلت کے لیے ان سے اطمینان بخش جواب طلب کرے۔

سردار صاحب کے ہاتھ پاؤں پھول گئے۔ سوفیا سے انہوں نے یہ بات بے خوف ہو کر کہہ دی تھی۔ اس کی منکسر مزاجی سے انہوں نے سمجھ لیا تھا کہ میری نذر ونیاز نے اپنا کام کر دکھایا۔ وہ کچھ بے تکلف ہو گئے تھے، یہ ڈانٹ پڑی تو آنکھیں چندھیا گئیں، التجا کے لہجہ میں بولے، میں آپ کو یقین دلاتا ہوں کہ اگرچہ ریاست پر موجودہ حالات کی ذمہ داری ہے تاہم ہم لوگوں نے حتی الامکان حالات کو درست رکھنے کی کوشش کی اور اب بھی کر رہے ہیں۔ یہ بدامنی کا بیج اس مقام سے آیا جہاں سے اس کے آنے کا کوئی خیال نہ تھا یا یوں کہیے کہ زہر کے قطرے سنہرے برتنوں میں لائے گئے۔ بنارس کے رئیس کنور بھرت سنگھ کے والنٹیروں نے کچھ ایسی ہوشیاری سے کام کیا کہ ہمیں خبر تک نہ ہوئی۔ ڈاکوؤں سے دولت کی حفاظت کی جا سکتی ہے مگر سادھوؤں سے نہیں۔ رضاکاروں نے خدمت کی آڑ میں یہاں کی بیوقوف رعایا پر ایسا منتر پھونکا کہ اس کے اتارنے میں ریاست کو بڑی بڑی مشکلات کا سامنا کرنا پڑ رہا ہے۔ خصوصاً کنور صاحب کا لڑکا نہایت شریر طبیعت کا

آدمی ہے۔ ہم لوگوں کی نیند حرام ہوگئی، ہر لمحہ بغاوت کی آگ بھڑک اٹھنے کا اندیشہ تھا، یہاں تک کہ ہمیں صدر سے فوجی کمک روانہ کرنی پڑی۔

ونے سنگھ تو کسی طرح گرفتار ہو گیا مگر اس کے دیگر رفقاء ابھی تک علاقہ میں چھپے ہوئے رعایا کو اکسا رہے ہیں۔ کئی بار یہاں سرکاری خزانہ لٹ چکا ہے۔ کئی بار ونے کو جیل سے نکال لے جانے کی کوشش کی جاچکی ہے اور ملازمین کو ہمیشہ اپنی جانوں کا خوف بنا رہتا ہے۔ مجھے مجبور ہو کر آپ سے یہ حال بیان کرنا پڑا۔ میں آپ کو یہاں ٹھہرنے کی صلاح ہرگز نہ دوں گا، اب آپ خود سمجھ سکتی ہیں کہ ہم لوگوں نے جو کچھ کیا، اس کے سوا اور کیا کر سکتے تھے؟

سوفیا نے بہت زیادہ متفکرانہ انداز سے کہا، واقعی حالت اس سے زیادہ تشویش ناک ہے جتنا میں سمجھتی تھی۔ ایسی حالت میں ولیم کا یہاں سے چلا جانا فرض کے خلاف ہوگا۔ وہ یہاں گورنمنٹ کے قائم مقام ہو کر آئے ہیں، صرف سیر و تفریح کے لیے نہیں۔ کیوں ولیم تمہیں یہاں رہنے میں کوئی اعتراض تو نہیں ہے؟ یہاں کے حالات کی رپورٹ بھی تو بھیجنی پڑے گی۔ مسٹر کلارک نے شراب کا ایک گھونٹ پیتے ہوئے جواب دیا، تمہاری مرضی ہو تو جہنم میں بھی بہشت کی خوشی حاصل کر سکتا ہوں۔ رہا رپورٹ کا لکھنا وہ تو تمہارا کام ہے۔

نیل کنٹھ میری آپ سے مؤدبانہ عرض ہے کہ ریاست کو سنبھلنے کے لیے کچھ اور وقت دیجیے، آپ کا رپورٹ بھیجنا ہمارے لیے مضر ہوگا۔

اقتباس طویل ذرا زائد ہو گیا۔ لیکن باہنر مصور کی ہنرمندی کے نمونے

دکھانے میں بخل بھی کہاں تک روا رکھا جائے، ریاستوں کی بے بسی، میم صاحب کی ذہانت و ذکاوت اور سب سے بڑھ کر صاحب بہادر کے بے پناہ اختیارات کی ہمہ گیری، ہر شئے ان میں سے اپنے اپنے موقع پر کیسی جَڑی اور اور کیسی جُڑی ہوئی ہے۔ اسی کا نام ہے قلم کی مرصع کاری۔ بات ذرا الگ ہوئی جاتی ہے، لیکن کلکٹر صاحب کی اس خدائی پر اکبرؔ کا ایک شعر بے ساختہ یاد آگیا۔ اپنے ہم مذہبوں کے سامنے، خدا تعالیٰ کی قدرت کا وعظ فرماتے تو کہتے ہیں کہ موضوع کو طول کہاں تک دوں، بس یہ سمجھ لو، کہ خدا تعالیٰ کو وہ اختیارات حاصل ہیں، جو صاحب کلکٹر بہادر کو ہوتے ہیں۔ (نعوذ باللہ)

اس قدرت کا کہاں تک میں کروں تم سے بیاں
میں تو اللہ تعالیٰ کو کلکٹر سمجھا

"کہاں تک" کی بلاغت قابل داد ہے۔ شاعر بیان کرتے کرتے تھک گیا ہے آخر میں مختصر اور جامع مثال اسے کلکٹر ہی کی نظر آتی ہے۔

شہری زندگی کی نقاشی بہتوں نے کی ہے۔ اسکول اور کالج میں، پارک اور چمن میں، کچہری میں اور اسٹیشن پر سب ہی گھومے پھرے ہیں۔ کھیت کی مینڈوں پر کوئی کم ہی چلا ہے۔ دیہات کے چوپالوں میں، اہیروں اور بھرجیوں کی جھونپڑیوں میں کم ہی کسی کے قدم گئے ہیں۔ پریم چند کے قلم کی اصل جولان گاہ یہی ہے۔ ان کے دوسرے لوازم میں تو ان کے نظیر مل بھی جائیں گے لیکن جہاں تک دیہاتی زندگی کی مصوری کا تعلق ہے، اب تک تو پریم چند کے جوڑ کا کوئی نظر نہیں پڑا۔ دیہات کے

جس جس منظر کا سماں دکھلاتے ہیں، اسے دور سے بتلاتے نہیں گویا اٹھاکر وہیں پہنچا دیتے ہیں۔ ایک گاؤں ہے اور برسات کا موسم کہ اتنے میں موضع کے زمیندار ٹھاکر صاحب وہاں دورہ فرماتے ہیں۔ گاؤں کی لہلہاہٹ اور ٹھاکر صاحب کی قہرمانی دونوں ملاحظہ ہوں،

"اساڑھ کا مہینہ تھا۔ کسان گہنے اور برتن بیچ بیچ کر بیلوں کی تلاش میں دربدر پھرتے تھے۔ گاؤں کی بوڑھی بنیائن نویلی دلہن بنی ہوئی تھی اور فاقہ کش کمہار بارات کا دولہا تھا۔ مزدور موقع کے بادشاہ بنے ہوئے تھے۔ ٹپکتی ہوئی چھتیں ان کی نگاہ کرم کی منتظر۔ گھاس ڈھکے ہوئے کھیت ان کے دست شفقت کے محتاج، جسے چاہتے تھے بساتے تھے جسے چاہتے تھے اجاڑتے تھے، آم اور جامن کے پیڑوں پر آٹھوں پہر نشانہ باز منچلے لڑکوں کا محاصرہ رہتا تھا۔ بوڑھے گردنوں میں جھولے لٹکائے پہر رات سے ٹپکے کے کھوج میں گھومتے نظر آتے تھے، جو باوجود پیرانہ سالی کے بھجن اور جاپ سے زیادہ دلچسپ اور پرمزہ شغل تھا۔ نالے پرشور، ندیاں اتھاہ، چاروں طرف ہریالی اور سبزہ اور نزہت کا حسنِ بسیط۔ انہیں دنوں ٹھاکر صاحب مرگ بے ہنگام کی طرح گاؤں میں آئے، ایک سجی ہوئی بارات تھی۔ ہاتھی اور گھوڑے اور سازوسامان، لٹھیتوں کا ایک رسالہ تھا۔ گاؤں کے لوگوں نے طمطراق اور کروفر دیکھا تو رہے سہے ہوش اڑ گئے، گھوڑے کھیتوں میں اینڈنے لگے اور گنڈے گلیوں میں۔"

دوسرا منظر "دوسرا اساڑھ آیا تو وہ گاؤں پھر رشک گلزار بنا ہوا تھا۔ بچے پھر

اپنے دروازوں پر گھروندے بنانے لگے، مردوں کے بلند نغمے کھیتوں میں سنائی دیے اور عورتوں کے سہانے گیت۔ چکیوں پر زندگی کے دلفریب جلوے نظر آنے لگے۔ سال بھر اور گزرا۔ جب ربیع کی دوسری فصل آئی تو سنہری بالیوں کو کھیتوں میں لہراتے دیکھ کر کسانوں کے دل لہرانے لگے تھے۔ سال بھر کی افتادہ زمین نے سونا اگل دیا تھا۔ عورتیں خوش تھیں کہ اب کے نئے نئے گہنے بنوائیں گے، مرد خوش تھے کہ اچھے اچھے بیل مول لیں گے، اور داروغہ جی کی مسرت کی تو کوئی انتہا نہ تھی۔ ٹھاکر صاحب نے یہ خوش آئند خبریں سنیں اور دیہات کی سیر کو چلے۔ وہی تزک و احتشام، وہی لٹھیتوں کا رسالہ، وہی گنڈوں کی فوج! گاؤں والوں نے ان کی خاطر و تعظیم کی تیاریاں کرنی شروع کیں۔ موٹے تازے بکروں کا ایک پورا گلہ چوپال کے دروازے پر باندھ کر لکڑی کے انبار لگا دیے۔ دودھ کے حوض بھر دیے، ٹھاکر صاحب گاؤں کے مینڈے پر پہنچے تو پورے ایک سو آدمی ان کی پیشوائی کے لئے دست بستہ کھڑے تھے۔"

چوگان ہستی میں اگر کمال یہ تھا کہ پلاٹ کی بندش، اتنی طوالت وضخامت کے باوجود کہیں سے سست نہیں ہونے پائی اور دل آویزی میں خلل پڑنے کا کوئی لمحہ نہ آنے پایا تو یہ چھوٹے چھوٹے افسانے بھی جن کے مجموعے کا نام پریم پچیسی ہے، اور اس کی بھی دو جلدیں ہیں اور اپنی نظیر بس آپ ہی ہیں۔ چھوٹے چھوٹے دلکش جملوں میں عجیب موہنی ہے۔ ہر ہر فقرہ گویا موتیوں کی لڑی۔ فریب نظر کی حد یہ ہے کہ آپ خود اپنے متعلق دھوکے میں پڑ جاتے ہیں۔ یہ یاد نہیں رہ جاتا کہ

سامنے کتاب کھلی ہوئی ہے اور آپ کسی کی سرگزشت پڑھ رہے ہیں۔ محسوس ایسا ہوتا ہے کہ یہ تو خود ہمارے ہی اوپر سب گزرتی چلی جارہی ہے۔ بچے بھی ہمیں، بوڑھے بھی ہمیں، ہمیں ظالم، ہمیں مظلوم، ابھی ہنس بھی ہم ہی رہے تھے، ابھی رونے بھی ہم لگے۔ تماشائی کی حیثیت غائب، تماشا ہم خود۔

شرافت ان کی تحریر کی جان ہے اور پاکیزگی ان کے قلم کا ایمان۔ منظر کیسا ہی گندہ ہو، ان کی نظر انتخاب ہمیشہ انہیں عنصروں کو چن لیتی ہے جو نفس کو نہیں روح کو تڑپائیں، جذبات کے سفلی نہیں علوی حصے کو گرمائیں اور بدی کی نہیں نیکی کی قوت کو حرکت میں لائیں۔

سمن ایک شریف ہندو گجادھر پرشاد کی بیوی ہے۔ پڑوس میں رام بھولی ایک بازاری عورت آکر رہتی ہے۔ بچپن کی بات سمن کی کان میں پڑی ہوئی ہے کہ بیسواؤں کا پیشہ ہی ذلیل ہے اور کوئی بھلا آدمی ان کی طرف رخ بھی نہیں کرتا۔ اب اپنی آنکھ سے جو کچھ دیکھتی ہے، اس پر اسے اچنبھا ہو کر رہ جاتا ہے اور نفس کی نظروں میں اگر بدی سرتاسر خوشنما نہیں نظر آنے لگتی ہے تو کم از کم پیشتر کی سی بدنما اور گھناؤنی تو یقیناً نہیں باقی رہ جاتی۔

"سمن کے مکان کے سامنے بھولی نام کی ایک طوائف کا مکان تھا۔ بھولی نت نئے سنگار کرکے اپنے بالاخانے کے جھروکے پر بیٹھا کرتی۔ پہر رات تک اس کے کمرہ سے نغمۂ خوش آیند کی صدائیں آیا کرتیں، کبھی کبھی وہ فٹن پر سوار ہو کر ہوا کھانے جایا کرتی۔ سمن اسے حقارت کی نگاہ سے دیکھتی تھی۔ سمن نے سن رکھا تھا کہ

طوائفیں بہت ذلیل اور بدکار ہوتی ہیں، وہ اپنے ناز اور انداز سے نوجوانوں کو اپنے دام محبت میں پھنسالیا کرتی ہیں۔ کوئی شریف آدمی ان سے بات چیت نہیں کرتا۔ محض شوقین لوگ رات کو چھپ کر ان کے یہاں جایا کرتے ہیں۔ بھولی نے کئی بار اسے چق کی آڑ میں کھڑے دیکھ کر اشارہ سے بلایا تھا، پر سمن اس سے بولنا بھی اپنا شان کے خلاف سمجھتی تھی۔ میں غریب سہی پر اپنی عصمت پر تو قائم ہوں، کسی شریف آدمی کے گھر میں میری روک تو نہیں ہوتی۔ کتنا ہی عیش وآرام کرے پر اس کی کہیں عزت تو نہیں ہوتی۔ بس اپنے کوٹھے پر بیٹھی اپنی بے شرمی اور اپنی بے حیائی کا سوانگ دکھایا کرے لیکن سمن کو بہت جلد معلوم ہوگیا کہ اسے حقیر سمجھنا میری غلطی ہے۔

اساڑھ کے دن تھے۔ گرمی کے مارے سمن کا دم گھٹ رہا تھا۔ شام کے وقت اس سے اندر نہ رہا گیا، اس نے چق اٹھادی اور دروازے پر بیٹھی پنکھا جھل رہی تھی تو کیا دیکھتی ہے کہ بھولی بائی کے دروازے پر کسی تقریب کی تیاریاں ہو رہی ہیں، بہشتی پانی چھڑکاؤ کر رہے تھے، صحن میں ایک شامیانہ تانا جارہا تھا، شیشہ آلات ٹھیلوں پر لدے چلے آتے تھے، فرش بچھایا جارہاتھا، بیسیوں آدمی ادھر ادھر دوڑتے پھرتے تھے۔ اتنے میں بھولی کی نگاہ سمن کی طرف اٹھی۔ قریب آکر بولی، آج میرے یہاں مولود ہے دیکھنا چاہو تو پردہ کرادوں؟ سمن نے بے پروائی سے کہا، "میں یہیں بیٹھے بیٹھے دیکھ لوں گی۔"

بھولی دیکھ تولوگی پر سن نہ سکوگی ہرج ہی کیاہے، اوپر پردہ کرادوں؟

سمن مجھے سننے کی اتنی خواہش نہیں ہے۔

بھولی نے اس کی طرف ایک نگاہ ترحم سے دیکھا اور دل میں کہا یہ گنوارن شاید دیہات سے آئی ہے اپنے دل میں نہ جانے کیا سمجھے بیٹھی ہے۔ اچھا تو دیکھ لے کہ میں کون کہوں۔ اس نے زیادہ اصرار نہ کیا۔ رات ہو رہی تھی۔ چولہے کی صورت دیکھ کر سمن کی روح کانپ رہی تھی۔ پر طوعاً و کرہاً اٹھی، چولہا جلایا، کھچڑی ڈالی اور پھر دروازے پر آکر تماشا دیکھنے لگی۔ آٹھ بجتے بجتے شامیانہ گیس کی روشنی سے گنبد نور بن گیا۔ پھول پتوں کی آرائش سونے پر سہاگہ تھی۔ تماشائی چاروں طرف سے آنے لگے۔ کوئی بائیسکل پر آتا تھا، کوئی ٹم ٹم پر، کوئی پیدل۔ تھوڑی دیر میں دو تین فٹنیں بھی آپہنچی۔ ایک گھنٹہ میں سارا صحن بھر گیا۔ اس کے بعد مولانا صاحب تشریف لائے۔ ان کے چہرے سے اک جلال برستا تھا اور وہ آراستہ تخت پر مسند لگا کر آبیٹھے اور مولود شروع ہو گیا۔

کئی آدمی مہمانوں کی تواضع و تکریم کرنے لگے۔ کوئی گلاب چھڑکتا تھا، کوئی خاصدان پیش کرتا تھا۔ سمن نے شرفا کی ایسی مجلس کبھی نہ دیکھی تھی۔

نو بجے گجادھر پرشاد آئے۔ سمن نے انہیں کھانا کھلایا، گجادھر کھانا کھا کر اسی مجلس میں شریک ہو گئے اور سمن کو تو کھانے کی سدھ ہی نہ تھی۔ گیارہ بجے رات تک وہ وہیں بیٹھی رہی، پھر شیرینی تقسیم ہوئی اور بارہ بجے مجلس ختم ہو گئی۔ گجادھر گھر آئے تو سمن نے کہا، "یہ سب کون لوگ بیٹھے ہوئے تھے؟"

گجادھر میں سب کو پہچانتا تھوڑے ہی ہوں، بھلے برے سبھی ہوں گے۔ شہر

کے کئی رئیس بھی تھے۔

سمن کیا یہ لوگ ایک طوائف کے گھر آنے میں اپنی توہین نہیں سمجھتے؟

گجادھر توہین سمجھتے تو آتے ہی کیوں؟

سمن تمہیں تو ہاں جاتے ہوئے شرم آئی ہو گی؟

گجادھر جب اتنے شرفا بیٹھے تھے تو مجھے شرم کیوں آنے لگی، وہ سیٹھ جی بھی آئے تھے جن کے یہاں میں شام کو جایا کرتا ہوں۔

سمن نے پر خیال انداز سے کہا، "میں سمجھتی تھی کہ ان عورتوں کو لوگ بہت ذلیل سمجھتے ہیں۔"

گجادھر ہاں ایسے لوگ بھی ہیں پر گنے گنائے۔ انگریزی تعلیم نے لوگوں کو آزاد بنا دیا ہے، بھولی بائی کی شہر میں بڑی عزت ہے۔

آسمان پر بادل چھائے ہوئے تھے۔ ہوا بالکل بند تھی۔ گجادھر پرشاد دن بھر کے تھکے ہوئے تھے۔ چارپائی پر جاتے ہی سو گئے پر سمن کو نیند نہ آئی۔ دوسرے دن شام کے وقت جب وہ پھر چق اٹھا کر بیٹھی تو اس نے بھولی بائی کو چھجے پر بیٹھے دیکھا۔ وہ برآمدہ سے نکل کر خود بھولی سے بولی، "رات تو آپ کے یہاں بڑی دھوم تھی۔" بھولی سمجھ گئی کہ میری فتح ہوئی۔ مسکرا کر بولی، تمہارے لیے شیرینی بھیج دوں؟ حلوائی کی بنائی ہوئی ہے اور برہمن لایا ہے۔ سمن نے شرماتے ہوئے کہا، "بھجوا دیجئے گا۔"

ہماری معاشرت جس طرح شیطان کی اعزازی ایجنٹ بنی ہوئی ہے، اس کی

تصویر اس سے بڑھ کر لطیف بھی اور پر درد بھی اور کیا ہو گی؟ لوگ قصے کہانیوں کو محض لطف و تفریح کے لیے پڑھتے ہیں لیکن اس لطف کے ساتھ ہی ساتھ اگر نفع بھی منظور ہو، بدی کی مخفی راہوں کا علم، شیطنت کی خفیہ چالوں کا احساس، وطنیت کا صحیح جذبہ، اور ایثار، اخلاص، اور خدمت خلق کی تربیت بھی اگر مد نظر ہو تو ایسی شیریں خوشگوار کنین پریم چند ہی کے دواخانہ میں دستیاب ہو گی۔ اور ہندوستان میں تحریک وطنیت کے آئندہ مؤرخ کو جس طرح گاندھی، نہرو، محمد علی، ابوالکلام، کی تحریروں کی ایک ایک سطر کی چھان بین ناگزیر ہو گی، اسی طرح پریم چند کے بھی افسانوں کو الٹ پلٹ کیے بغیر کام نہ چلے گا۔

حاشیے

(۱) لاہور کا ایک پرانا اور اپنے زمانہ میں بہت ہی مشہور و مقبول اخبار پیسہ اخبار تھا۔ اس نے جاسوسی ناول بھی کثرت سے اور بڑے ارزاں شائع کیے تھے۔

(۲) "ادب لطیف" جب اول اول اردو میں چلا ہے، تو اس میں لغات کی خوب بھرمار رہتی تھی۔ 'قاموسی' میں یہی تلمیح ہے۔

***

۲

# میری محسن کتابیں

حکم ملا ہے ایک رند خراباتی کو، ایک گمنام اور بدنام، گوشہ نشین قصباتی کو کہ وہ بھی اہل فضل و کمال کی صف میں در آئے اور اپنا افسانہ رسوائی دنیا کو کہہ سنائے اور یہ حکم دینے والے کون! ایک بزرگ صورت او بزرگ سیرت خورد ۲۔ بہتر۔ بزرگوں اور خوردوں کو اگر لطف اسی داستان میں آتا ہے تو لیجئے، تعمیل فرمائش ابھی ہوئی جاتی ہے۔ لیکن آپ حضرات بھی تو سوچ سمجھ لیں، دنیا آپ کے حسن انتخاب کو کیا کہے گی! لو پسند آئیں ادائیں انہیں دیوانوں کی!

آنکھ کھلی ایک خاصے مذہبی گھرانے میں۔ باپ (اللہ ان کی تربت ٹھنڈی رکھے) ایک اچھے سرکاری عہدہ دار ہونے کے باوجود علماً مولوی اور عملاً دیندار۔ ماں (اللہ ان کی عمر میں مزید برکت عطا فرمائے) شب بیدار، تہجد گزار، زمانہ انیسویں صدی عیسوی کے اخیر کا۔ گھر پر مشرقی تعلیم کا چلن ایک حد تک باقی تھا۔ مولوی صاحب کے پاس بٹھائے گئے۔ قرآن (ناظرہ) کے ساتھ ساتھ اردو بھی شروع ہو گئی۔ مولوی محمد اسمٰعیل صاحب میرٹھی مرحوم کی ریڈریں کچھ اس طرح مزہ لے لے کر پڑھیں کہ ان کی شیرینی اب تک یاد ہے اور اردو ٹوٹی پھوٹی جو کچھ بھی لکھنی

آئی اس کی بنیاد اسی وقت سے پڑ گئی۔ فارسی میں گلستاں، بوستاں، رقعات قتیل، یوسف زلیخا کے علاوہ کیمیائے سعادت بھی کچھ سمجھے اور زیادہ تر بے سمجھے جوں توں ختم کر ڈالی، داخلہ اسکول میں ہوا۔ زبان عربی، استاد شفیق ملے۔ عربی سے جو الجھن اور وحشت نہ ہونے پائی، تصرف ہے انہیں بزرگوں کا۔

ابھی بچپن ہی تھا کہ ایک انگریزی تعلیم یافتہ چچازاد بھائی نے شوق اخبارات کا پیدا کرادیا۔ دل خارجی مطالعہ میں لگنے لگا۔ اخبار، رسالہ، اشتہار، کتاب جو چھپی چیز بھی سامنے آجاتی، مجال نہ تھی کہ بچ کر نکل جائے۔ اردو کے علاوہ انگریزی، فارسی، عربی میں کچھ شد بد تو ہو ہی گئی تھی، فقہ، تصوف، منطق، مناظرہ، ادب، فسانہ، ناول، ناٹک، طب، شاعری، سب ہی کچھ تو اس میں آگیا۔ جوش خاصا مذہبی موجود تھا، آریوں اور عیسائیوں کی مناظرانہ کتابوں پر نظر پڑی۔ اک آگ سی لگ گئی۔ تلاش جوابات کی ہوئی، دھن سی سوار ہوگئی، مولانا ثناء اللہ امرتسری کی "ترک اسلام" وغیرہ، مرزا غلام احمد قادیانی کی "سرمہ چشم آریہ" وغیرہ حکیم نورالدین کی "نورالدین" مولانا محمد علی مونگیری ناظم ندوہ کا ماہنامہ "تحفہ محمدیہ" اسی دور کی یادگار ہیں اور ہاں ایک نام تو ذہن سے نکلا ہی جاتا تھا۔ اب وہ بیچارے یوں بھی گمنام ہو گئے ہیں، مولوی احسان اللہ عباسی وکیل گورکھپور مصنف 'الاسلام، تاریخ الاسلام' وغیرہ۔ ذوق وشوق سے ساری کتابیں پڑھیں، اور اپنی بساط کے لائق کچھ لکھا لکھایا بھی۔ ادبی میدان میں شرر مرحوم اور ان کے معاصرین منشی سجاد حسین ایڈیٹر اودھ پنچ وغیرہ کا دور دورہ رہا۔

یہ دور کہنا چاہئے کہ ۱۹۰۳ء سے ۱۹۰۷ء تک رہا۔ ۷ء میں نیاز "مقالات شبلی"

اور "الکلام" سے حاصل ہوا اور اسی دم سے جادو مولانا شبلی کا چل گیا۔ تلاش ان کی اور تحریروں کی شروع ہوئی۔ انہیں پڑھتا نہ تھا۔ تلاوت کرتا تھا۔ "الندوہ" والد مرحوم کے نام سے جاری کرایا۔ پرانے پرچے منگائے۔ تازہ پرچہ کے دن گنا کرتا۔ مولانا کے ہر مضمون کی ایک ایک سطر پار بار پڑھتا۔ فقرے کے فقرے حفظ ہو گئے، ترکیبیں زبان پر چڑھ گئیں۔ ہم سنوں سے کہتا پھرتا بلکہ لڑتا پھرتا کہ علامہ شبلی ہیں، دور کے مجدد ہیں، نذیر احمد، حالی، سر سید، آزاد کے ساتھ بھی حسن اعتقاد قائم رہا۔

۱۹۰۸ء میں عمر کا سولہواں سال تھا کہ میٹرک پاس کر لکھنؤ کالج میں داخل ہوا اور اب انگریزی کتابوں پر ٹوٹ پڑا۔ اتفاق سے شروع ہی میں ایک بڑے انگریز ڈاکٹر کی کتاب سامنے آگئی۔

ظالم نے کھل کر اور بڑے زور دار الفاظ میں مادیت کی حمایت اور مذہب و اخلاق دونوں سے بغاوت کی تھی۔ موضوع یہ تھا کہ عصمت اور نیک چلنی کے کوئی معنی نہیں محض پرانے لوگوں کا گڑھا ہوا ڈھکوسلا ہے۔ اصل شے صحت اور مادی راحت ہے۔ صحت کا خیال رکھ کر جو کچھ جی میں آئے کرو۔ نکاح وغیرہ کی قیدیں سب لایعنی ہیں۔ مصنف کے پیش نظر اسلام یقیناً نہ تھا لیکن زد تو بہر حال اسلام پر پڑتی تھی، خیالات ڈانوا ڈول ہونے لگے۔ اس زمانہ میں اتفاق سے ایک اور کتاب بھی نظر سے گذری۔ یہ ادبی تھی۔ مشاہیر عالم کے اقوال و خیالات پر اس میں ایک جگہ پورے قد کی تصویر، صفحہ بھر پر رسول اللہ صلی اللہ علیہ وسلم کی درج تھی اور نیچے سند یہ بھی تھی کہ فلاں (غالباً رومہ) کے میوزیم میں قلمی تصویر موجود ہے یہ

اس کا فوٹو ہے۔ حلیہ یہ تھا،

سر پر عمامہ، جسم پر عبا، تلوار کمر سے بندھی ہوئی، شانہ پر ترکش، ہاتھ میں کمان، تیوروں پر بل پڑے ہوئے، آنکھوں سے غصہ، بشرہ سے تند خوئی عیاں، شان رحمۃ اللعالمین الگ رہی۔ معمولی نرم دل اور نیک مزاجی کے آثار بھی یکسر مفقود۔ نیچے سند درج، مغربیت سے مرعوب دماغ کے لیے اب شک وشبہ کی گنجائش ہی کہاں رہ گئی تھی؟

دماغ پہلے ہی مفلوج ہو چکا تھا، اب دل بھی مجروح ہو گیا۔ ارتداد دبے پاؤں آیا، اسلامیت کو مٹا، ایمان کو ہٹا، خود مسلط ہو گیا۔ آریت، مسیحیت دوسرے مذاہب سے پہلے ہی سے دل ہٹا ہوا تھا، اب کھلم کھلا آزادی اور آزاد خیال کی حکومت قائم ہو گئی۔ الحاد کا نشہ، بے دینی کی ترنگ "ریشنلزم" (عقلیت) سے پینگ بڑھے، "ریگنا سٹیزم (لا ادریت) سے یارانہ گھٹا۔ لندن کی ریشنلسٹ ایسو سی ایشن (انجمن عقلین) کی ممبری قبول کر سارا وقت ہیوم، مل، اسپنسر، ہکسلے، ہیگل، انگر سول، بریڈ لا، ایوشنز، ڈارون اور یونان کے حکما، مادین، منشگللین وغیرہ کی نذر ہونے لگا۔ مل کو اتنا پڑھا، اتنا پڑھا کہ لڑکوں میں مل کا حفاظ مشہور ہو گیا۔

ایک اور کتاب طب سے متعلق عضویات دماغی Organical Physeology پر ایک مشہور انگریز ڈاکٹر کی اس زمانے میں نظر سے گذری۔ ذکر امراض عصبی و دماغی کا تھا۔ بد بخت نے مرض صرع کے ضمن میں لکھا تھا کہ اس کی علامات کو لوگ پرانے زمانہ میں "وحی الہی" سمجھنے لگتے تھے، اور مصروع کے عام قوائے دماغی تو بہت اچھے ہوتے ہیں وہ دنیا میں انقلاب برپا کر سکتا ہے، مذہب اور

سلطنت دونوں قائم کر سکتا ہے وقس علی ہذا۔۔ ارتداد، الحاد، اور اسلام بیزاری میں اگر کچھ کسر باقی تھی تو اب پوری ہو گئی۔ ایف اے کے امتحان کی فیس جانے لگی۔ تو فارم میں جہاں مذہب کا خانہ ہوتا ہے وہاں بجائے مسلمان کے ریشنلسٹ لکھ دیا!

الحاد، بے دینی، یا عقلیت کا یہ دور کوئی ۸-۱۰ سال تک قائم رہا۔ یعنی ۱۹۰۹ء سے وسط ۱۹۱۸ء تک۔ ایف اے، بی اے کی تکمیل ۳ ہوئی ایم اے کی تکمیل نہ ہوئی۔ لیکن تعلیم تو بہر حال فلسفہ لے کر پائی۔ مضمون نگاری، تصنیف، تالیف، اردو اور انگریزی دونوں زبانوں میں جاری رہی۔ ہوتے ہوتے ۱۹۱۸ء آ گیا۔ آخر سال تھا کہ ایک دوست کی تحریک پر انگریزی میں بودھ مذہب پر کتابیں دیکھیں اور دل کسی قدر ادھر مائل ہوا۔ معاً بعد ہندو فلسفہ کا مطالعہ شروع ہو گیا۔ خصوصا مسز بسنٹ اور بنارس کے مشہور فلسفی ڈاکٹر بھگوان داس کے انگریزی تراجم و تالیفات کے ذریعہ سے مغربیت، مادیت، اور عقلیت کا جو تیز نشہ سوار تھا، وہ بتدریج ہلکا ہونے لگا۔ اور دل اس کا قائل ہو گیا کہ مادی اور حسی دنیا کے علاوہ بھی کسی اور عالم کا وجود ہے ضرور۔

بھگوت گیتا کا انگریزی ایڈیشن (مسز بسنٹ کا ترجمہ) اس حیثیت سے اکسیر ثابت ہوا۔ خدا کا نام اب قابل مضحکہ نہ رہا، "روح اور روحانیت" کے الفاظ سے نفرت و بیزاری دور ہو گئی، ہاں اسی درمیان میں مولانا شبلی کی سیرۃ النبی کی جلد اول شائع ہو چکی تھی۔ اسے خوب غور سے پڑھا تھا اور اس سے بھی اچھا اثر قبول کیا تھا۔ صاحب سیرت کی رسالت پر ایمان تو اب بھی دور کی چیز تھی لیکن مارگولیس وغیرہ

کے اثر سے (نعوذ باللہ) جو ایک خداع اور خونخوار سردار کا تصور قائم ہو گیا تھا، آنکھوں سے یہ زنگ اسی سیرت کے مطالعہ کی برکت سے کٹ چکا تھا اور اس کی جگہ ایک خوش نیت مصلح قوم کے تخیل نے لے لی تھی۔

اب دل مسلمان صوفیہ کے اقوال و احوال میں بھی لگنے لگا تھا۔ کشف و کرامت کے ذکر پر اب یہ نہ ہوتا کہ بے ساختہ ہنسی آجاتی، بلکہ تلاش اس قسم کے ملفوظات و منقولات کی رہنے لگی۔ فارسی اور اردو کتابیں بہت سی اس سلسلہ میں پڑھ ڈالیں۔ مسلمان تو اب بھی نہ تھا لیکن طغیان وعدوان کا زور ٹوٹ چکا تھا۔ محسن کتابوں کے سلسلہ میں محسن شخصیتوں کا ذکر یقیناً بے محل ہے۔ لیکن اتنا کہے بغیر آگے بڑھا نہیں جاتا کہ اس دور میں دو یا تین زندہ ہستیاں بھی ایسی تھیں جن سے طبیعت رفتہ رفتہ بہت تدریجی رفتار سے سہی لیکن بہر حال اصلاحی ہی اثر قبول کرتی رہی۔ ایک اردو کے مشہور حکیم وظریف شاعر اکبر الہ آبادی ہیں، دوسرے کامریڈ کے ایڈیٹر اس وقت کے مسٹر اور اسی درمیان "مولانا" ہو جانے والے محمد علی! ان دو کے بعد ہلکا ہلکا اثر مولانا حمید الدین مفسر قرآن کا بھی پڑتا رہا۔

۱۹۱۹ء قریب ختم تھا۔ ایک عزیز کے پاس مثنوی معنوی (کانپوری ایڈیشن) کے چھ ضخیم دفتر دکھائی دیئے (اللہ رحمۃ اللہ رعد کی تربت پر اپنی رحمت کے پھول برسائے) کاغذ، کتابت، طباعت کے جملہ محاسن ظاہری سے آراستہ۔ حاشیہ نہایت مفصل۔ چند سال ادھر توجہ بھی نہ کرتا لیکن اب زمین پوری طرح تیار ہو چکی تھی، معدہ کو غذا گھنٹہ اور منٹ کی پابندی کے ساتھ ٹھیک وقت سے ملی۔ مطالعہ ذوق و شوق سے شروع کیا اور ہر قدم پر شوق کی رفتار تیز سے تیز تر ہوتی گئی۔ الفاظ ملنے

مشکل ہیں جن میں اس ذوق و شوق کی کیفیت بیان کی جائے، فارسی استعداد واجبی ہی تھی۔

سلوک و معرفت کے نکات و اسرار الگ رہے۔ ظاہری لفظی معنی بھی صدہا اشعار کے سمجھ میں نہ آئے لیکن انہماک کا یہ عالم کہ ایک شعر بھی چھوڑنے کو جی نہ چاہتا تھا اور دل بے اختیار یہ چاہتا کہ جس طرح بھی ممکن ہو سارے دفتروں کو ایک دم سے چاٹ جاؤں۔ کھانے پینے، ملنے جلنے تک کا ہوش نہ رہا۔ طبیعت بیقرار کہ کمرہ بند کئے بس اسی کو شروع سے آخر تک پڑھے چلا جاؤں۔ ہر شعر تیر و نشتر بن کر دل کے اندر پیوست ہوتا جاتا اور تشکیک، ارتیاب، عقلیت ولا ادریت کے بادل سب چھٹتے چلے جاتے۔ حاشیے علمی رنگ کے دل کو زیادہ نہ بھاتے۔ خصوصاً شیخ ابن عربی کے نظریات جہاں آجاتے وہاں تو دم الجھنے لگتا کہ یہ تو پھر وہی افلاطون وغیرہ کے طرز کی باتیں آگئیں جن سے گھبرا کر اور اکتا کر میں بھاگا تھا۔ حضرت حاجی امداد اللہ مہاجر مکی کے چھوٹے سادے اور پر مغز حاشیے جہاں نظر پڑ جاتے طبیعت پھڑک جاتی اور دل گواہی دے اٹھتا کہ بیشک یہ قول کے سچے ہی کا ہو سکتا ہے۔

مولانا نے حضرت رسالتؐ کے باب میں کہا ہے کہ اس پر کسی معجزہ یا خارق عادت سے دلیل خارجی لانے کے کیا معنی، پیمبر کی تو ہر چیز بجائے خود ایک معجزہ ہوتی ہے۔

روی و آواز پیمبر معجزہ است

بس اپنا بالکل یہی حال خود مثنوی سے متعلق تھا۔ ہر شعر خود پکار کر شہادت دے رہا تھا کہ میں سچے ہی کی زبان سے نکلا ہوں، کسی اور دلیل و برہان کی حاجت ہی

نہ تھی۔ مثنوی کا مطالعہ ہفتوں نہیں مہینوں مسلسل جاری رہا اور اس ساری مدت میں ایک نشہ سا سر پر سوار رہا۔ اٹھتے بیٹھے، سوتے جاگتے، چلتے پھرتے بس اس کی دھن، اسی عالم میں کہیں مر گیا ہوتا تو عجب نہیں کہ نکیرین کے سامنے مذہب کے سوال پر جواب زبان سے یہی نکلتا کہ "وہی مذہب ہے جو مولانائے روم کا مذہب تھا۔" قرآن و رسالت تک پر ابھی ایمان پختہ نہ تھا، بس دلیل سب سے بڑی یہی تھی کہ جب صاحب مثنوی اس پر ایمان رکھتے ہیں تو کیوں نہ یہ دین سچا ہو گا۔

غالباً اگست ۲۰ء تھا کہ ایک عزیز کے پاس مولوی محمد علی لاہوری کا انگریزی ترجمۃ القرآن پڑھنے میں آیا۔ طبیعت نے اس سے بھی بہت گہرا اور اچھا اثر قبول کیا۔ مغربی راہ سے آئے ہوئے بیسیوں شبہات و اعتراضات اس ترجمہ و تفسیر سے دور ہو گئے اور یہ رائے اب تک قائم ہے۔ اس بیس سال کے عرصہ میں خامیاں اور غلطیاں بہت سی، بلکہ بعض جگہ تو ایسی جسارتیں جن کے ڈانڈے تحریف سے مل جاتے ہیں۔ اس ترجمہ و تفسیر کی علم میں آچکیں لیکن انگریزی خوانوں اور مغرب زدوں کے حق میں اس کے مفید اور بہت مفید ہونے میں ذرا بھی کلام نہیں۔ ہدایت کا واسطہ، جب اللہ کی حکمت، صریح غیر مسلموں کے کلام کو بنا دیتی ہے تو یہ تو بہر حال اللہ کے کلام کا ترجمہ و حاشیہ ہے۔ مترجم کی بعض اعتقادی غلطیوں کی بنا پر ان کی ساری کوشش سے بدظن ہو جانا قرین انصاف و مقتضائے تحقیق نہیں۔

نیم مسلمان ہو چکنے کے بعد پھر پورا مسلمان بن جانا اور ادخلوا فی السلم کافہ کے تحت میں آ جانا کچھ زیادہ دشوار نہ تھا۔ اقبال کی اردو اور فارسی نظمیں محمد علی کی نظمیں اور تحریریں (خصوصاً زمانہ نظر بندی ۲۱-۲۳ء کی) سب اپنا اپنا کام کرتی

رہیں، دل میں گھر کرتی گئیں۔ یہاں تک کہ مکتوبات مجددی نے اس پر پوری مہر لگا دی۔ مکتوبات کا جو امرتسری نسخہ متعدد جلدوں میں پیش نظر رہا وہ اپنی صفائی، خوشنمائی اور کثرت حواشی کے لحاظ سے گویا مثنوی ہی کے اسی کانپوری ایڈیشن کی ٹکر کا تھا اور اثر میں شاید اس سے کچھ ہی کم۔ مثنوی سے اگر طبیعت میں ایک شورش اور تڑپ پیدا ہو گئی تھی، تو اس میں سکون اور ٹھہراؤ مکتوبات ہی کی برکت سے حاصل ہوا۔ درمیان میں عطار، سنائی، جامی، شیخ جیلانی، غزالی، سہروردی، وغیرہم اکابر شیوخ کی خدا معلوم کتنی کتابیں نظم ونثر کی نظر سے گذر گئیں لیکن دل پر نقش انہیں دو کتابوں کا سب سے زیادہ گہرا بیٹھا رہا۔ پہلے مثنوی اور پھر مکتوبات۔ حالانکہ سمجھ میں دونوں کا بڑا حصہ اس وقت تو کیا آتا اب تک بھی نہیں آیا۔

حال کی انگریزی کتابوں میں ایک قابل ذکر کتاب اور یاد پڑ گئی یہ نو مسلم یورپین لیوپولڈ ویس محمد اسد Islam on the Cross Road ہے۔ دیکھنے میں چھوٹی سی، معنویت کے لحاظ سے بہت بڑی اور گہری ہے۔ ہر انگریزی خواں کے ہاتھ میں جانے کے قابل۔ بڑی مسرت اسے پڑھ کر ہوئی کہ جو خیالات تہذیب فرنگ و اسلام سے متعلق پہلے سے اپنے قائم ہو چکے تھے۔ یہ مغربی مفکر بھی گویا تمام تر اسی کی تائید کر رہا ہے۔

۲۷ء تھا کہ ایک دوست کی رہنمائی سے پہلے رسائی مولانا تھانوی مدظلہ کے مواعظ اور بعض رسائل سلوک تک ہوئی اور پھر ۲۸ء میں خود مولانا اور ان کی دوسری تصانیف تک اس نے حقائق دینی و عرفانی کا ایک نیا عالم نظر کے سامنے کر دیا۔ اب ادھر چند سال سے مسلسل مشغلہ اس بے علم و نااہل کا خدمت قرآنی کا

ہے۔ اپنا تجربہ یہ ہے کہ دوسرے حضرات کے ہاں اکثر اوراق پر اوراق الٹ جانے سے بھی وہ گہرے نکتے نہیں ملتے جو مفسر تھانوی کے ہاں چند سطروں کے اندر میسر آ جاتے ہیں۔ معاصرت کا ابتلا عجب ابتلا ہے۔ اللہ سب کو محفوظ رکھے جو دیکھنا نہیں چاہتے انہیں آنکھیں چیر کر دکھایا بھی کیسے جا سکتا ہے؟ اور یہ صرف تفسیر یا دوسرے علوم ظاہری ہی پر موقوف نہیں ہے۔ علوم باطنی میں تو پایہ شاید کچھ بلند تر ہی نکلے۔

اے لقائے تو جواب ہر سوال
مشکل از تو حل شود بے قیل و قال

محسن کتابوں کی تعداد ہے اتنی بڑی کہ سب کی تفصیل لکھی جائے تو بجائے خود ایک کتاب تیار ہو جائے۔ مختصر بلکہ مختصر تر اور مختصر یہ کہ حدیث میں صحیح بخاری اور اس کی شرح فتح الباری نے آنکھیں کھول دیں اور فقہ میں شرح صدر کے لئے ائمہ حنفیہ کے اقوال بالکل کافی ثابت ہوئے۔ فہم قرآنی میں معروف و متداول تفسیروں کو معین و مفید پایا۔ ان کی بے وقعتی خود اپنی محرومی کی دلیل ہے۔ ان کتابوں کا نام اس بے تکلفی سے لے رہا ہوں کہ گویا سب کو رواں اور صحت اعراب کے ساتھ پڑھ سکتا ہوں۔ حالانکہ یہ ذرا بھی صحیح نہیں۔ لغات، شروح، تراجم کے سہارے کام کسی نہ کسی طرح بس چل ہی جاتا ہے۔ لغت میں تاج العروس اور پھر لسان العرب کے ساتھ اور لغت قرآنی میں مفردات راغب کے ساتھ سب سے زیادہ لگا لپٹا رہتا ہوں۔

انسانی کتابوں کے ساتھ اور ان کے ضمن میں اللہ کی کتاب کا نام لے آنا اور

دونوں میں موازنہ و تقابل کی ٹھہرانا بڑی ہی بد مذاقی ہے اور پھر محسن کتابوں میں "کتابوں" (صیغہ جمع) کا لفظ خود اس پر دلالت کر رہا ہے کہ ال کتاب موضوع سے بالکل خارج ہے۔

حاشیے

(۱) مولانا سید سلیمان صاحب ندوی

(۲) علی میاں سلمہ ایڈیٹر الندوہ

(۳) انہماک خاص کے مضامین دو تھے ایک منطق دوسرے نفسیات۔ نفسیات میں سب سے زیادہ اثر امریکہ کے مشہور استاد فن ولیم جیمس کا رہا۔

***

۳

# ایک مغربی کی مشرقیت

کوئی دو سال ادھر کا ذکر ہے کہ لندن کی چھپی ہوئی ایک ضخیم و مستند کتاب ہندوستان پہنچی، عنوان Love , Marriage, Jeolousy (محبت، ازدواج، رقابت) موضوع، عنوان ہی سے ظاہر ہے۔ ضخامت ۳۹۸ صفحات۔ کتاب کی تالیف میں متعدد ماہرین فن شامل۔ کتاب بیس بابوں میں تقسیم، ہر باب ایک ایک ماہر فن کے قلم سے نکلا ہوا۔ اور ان ماہرین میں مرد ہی نہیں، خواتین بھی شریک، زیادہ تر پیرس، لندن، برلن، ویانا، بوڈاپسٹ، اسٹاکھام اور دوسری یونیورسٹیوں کے اساتذہ، مرتب اعلیٰ لندن کے ڈاکٹر فورباتھ، کتاب میں بہترین مقالات پروفیسر مورنسن اسٹاکھام اسا کا یونیورسٹی کے قلم سے ہیں۔ ذیل میں موصوف کے ایک مقالہ "نارمل میک سولیٹی" (طبعی جنسیت) کا ضروری ملخص جا بجا سے درج ہوتا ہے۔

فرماتے ہیں کہ تمدن جدید کی یہ ایک خصوصیت ہے کہ مرد و عورت اس آزادی کے ساتھ اور ایسے ہیجان پرور ماحول میں ملتے جلتے رہتے ہیں کہ گزشتہ نسلوں

کو اس کا خیال بھی نہ تھا۔ آج کی سوسائٹی میں کھیل تماشوں کا شوق جس حد تک بڑھ گیا ہے اس نے روی زمانہ کے شوق سیانی کو بھی مات کر دیا ہے اور اس سے بڑھ کر یہ کہ آج تماشے سب سے زیادہ مقبول وہی ہیں جن میں مرد عورت دونوں ہی حصہ لے رہے ہوں، دونوں کے درمیان حجاب، جو پچھلی نسلوں کا طرۂ امتیاز تھا، آج مفقود ہو چکا ہے، پہلے مرد وعورت اگر بعض تماشوں، مثلاً رقص میں اکٹھا ہوتے بھی تھے، تو احتیاطیں اور تدبیریں ایسی کر لی جاتی تھیں کہ کوئی شہوانی فتنہ بڑھنے نہیں پاتا تھا۔

اب صورت حال بالکل برعکس ہے۔ لڑکیوں کے ساتھ 'نگراں' کے رہنے کی رسم ہی مٹ چکی ہے، نہ اس کی احتیاط باقی رہی ہے کہ ناچ میں شرکت جانے بوجھے شریف زادے ہی کریں، اور وہ بھی 'نگراں' کی نگرانی میں۔ پھر خود رقص کا طریقہ بھی روز بروز زیادہ ہی شہوانی ہوتا چلا گیا ہے۔ رقص خواہ وہ کسی زمانہ کا اور کسی صورت سے ہو، یوں بھی اس سے بڑھ کر کوئی چیز محرک شہوت نہیں۔ ہم آغوشی کی لذت، اور اسی حالت میں مخصوص جسمانی حرکتیں، پھر نشاط انگیز راگ، بجز کسی خواجہ سرا کے کون مرد ایسا ہو گا جس کی آتش شہوت بھڑک نہ اٹھے؟ رقص کا شوق، خواہ وہ شوق تماشائے رقص کا ہو یا خود ادائے رقص، اصلاً ایک جنسی ہی شوق ہے۔ ممکن ہے اس حقیقت سے ناگواری کے ساتھ انکار کر دیا جائے۔ یہ بھی ممکن ہے کہ بعض افراد کو شعوری طور پر اس کا پورا احساس نہ ہو لیکن بہر حال ہے اس شوق کی بنیاد جنسی ہی، مردوں عورتوں دونوں میں اس متحرک ہم آغوشی میں ایسی شدید لذت محسوس ہوتی ہے کہ نوجوان مردوں اور عورتوں کو بارہا اس حال میں

انزال ہو گیا ہے۔

کھیل بھی مخلوط قسم کے بہت سے ایسے نکلے ہیں جن سے جذبات شہوانی کو برابر تحریک ہی ہوتی رہتی ہے۔ ٹینس اور گالف خاص طور پر قابل ذکر ہیں۔ موٹر کے رواج نے "تخلیہ" کے بہترین مواقع فراہم کر دیے ہیں۔ اور امریکی زبان میں "بوس و کنار پارٹیاں" تو گویا انہیں کے دم سے قائم ہیں۔ ان طرح طرح کی "تفریحوں" یہ محرک نفس، مہیج شراب کے دور مستزاد۔ نتیجہ یہ ہے کہ انگلستانی اور امریکی سوسائٹی میں ایسے سن کے بچوں میں اور ان سے بڑھ کر بچیوں میں قوائے شہوانی بیدار ہو جاتے ہیں کہ اگلوں کے تو خواب وخیال میں بھی نہ تھے۔

مغربی تہذیب کی ایک جدید اور روز افزوں خصوصیت مخلوط غسل اور اس کے متعلقات ہیں۔ مثلاً سمندر کے کنارے جاذب نظر نیم برہنہ لباس میں گلگشت اکثر انسانوں کے لئے یہ دونوں چیزیں انتہائی شہوت انگیزی کا حکم رکھتی ہیں۔ یہ خوب خیال رہے کہ جہاں تک شہوت انگیزی کا تعلق ہے، تمدن جدید کی نیم عریانی، وحشیوں کی کامل عریانی سے بالکل مختلف ہے۔ برہنگی پر جو میری مستقل تصنیف ہے اس میں میں لکھ چکا ہوں کہ برہنگی بجائے خود ذرا بھی مہیج نفس نہیں۔ اس کی ساری شہوت انگیزی کا راز، رواج لباس ہے۔ بے لباسی صرف لباس کے تقابل میں اثر تحریک شہوت کا رکھتی ہے۔ یہ تو کچھ ڈھکا کچھ کھلا ہوتا ہے جو قلب میں ہیجان پیدا کر دیتا ہے اور اس کا تجربہ جب دل چاہے، کیا جا سکتا ہے۔ سڑکوں پر مجمع آخر کن عورتوں کے پیچھے لگ جاتا ہے؟ وہی جو خوب بنی ٹھنی، بہترین فیشن کے لباس میں

چٹک مٹک دکھاتی چلتی ہیں، نہ کہ ان کے جو میلے کچیلے کپڑے پہنے، دبی سکڑی ہوئی راہ طے کرتی رہتی ہیں۔

آج کی نوجوان بن بیاہی خاتون نے مردوں کے رجھانے، لبھانے کے فن میں درجہ کمال حاصل کرلیا ہے، اور وہ اس شہوانی دلکشی کا نام جو چاہے رکھ لے اور چاہے واقعی اس کو اس کی خبر بھی نہ ہو لیکن ہے یہ واقعہ کہ اب وہ دلبری و دلربائی کے فن میں ویسی ہی طاق ہوگئی ہے جیسی (لندن کی معروف و بدنام گلی) کمپیڈلی کی کوئی لکھا بیسوا ہو سکتی ہے۔ عورت کا موجودہ لباس غسل اپنی اصل ضرورت و غایت کے پورا کرنے کے لحاظ سے جیسا بھی کچھ ہو، عورت کی رعنائی و دلکشی کے بڑھانے کا ذریعہ تو بہر حال ہے۔

عورت کی "آزادی" نے بھی خواہ وہ معاشی اعتبار سے ہو یا معاشری یا جنسی اعتبار سے، اس کی رعنائی لوگوں کی نظروں میں بہت زیادہ پھیلا رکھی ہے اور ساتھ ہی اس کے انتہائی مواقع بھی فراہم کر رکھے ہیں کہ وہ اپنی شہوت پرستی کے جذبات کو خوب جی بھر کے تسکین دے سکے۔ اب وہ شادی کی محتاج نہیں اور اس کی ضرورت تو اسے اور بھی باقی نہیں کہ نان و نفقہ کی تلاش میں کم سنی ہی میں کسی کے عقد میں آجائے۔ مختلف پیشوں کا، تجارتوں کا ملازمتوں کا دروازہ عورت کے لئے کھل جانا اس کی شہوانی زندگی پر نہایت درجہ موثر ہوا ہے۔ عورت کی "معاشی آزادی" اور شوہر کی محتاجی سے اس کی رہائی نے شادی کی ضرورت کو اس کے سامنے بہت ہلکا کر ہی دیا ہے۔

باقی یوں بھی اس میں ہر طرح خیر ہی خیر نہیں ہے۔ اس کے اثرات جو پڑے ہیں انہوں نے اس کی شہوانیت کے حدود کو بہت ہی وسیع کر دیا ہے، اور اس کے لئے مواقع ایسے ایسے بہم پہنچا دیئے ہیں، جو پہلے زمانہ میں سخت قابل ملامت سمجھے جاتے۔ پھر جنسی مسائل کی تعلیم عام، خصوصاً منع حمل کے طریقوں کی اشاعت عام اور ان آلات کی فراہمی عام نے عورت کو شہوانی آوارگی اور بد چلنی کے نتائج کی طرف سے الگ بے فکر کر دیا ہے۔ کسی بن بیاہی کا باکرہ نہ ہونا پچھلے زمانہ میں تفضیح و رسوائی کا انتہائی مقام تھا۔ جنسی آزادی کے دور میں وہ ایک معمولی بات بن گئی ہے۔ ان دونوں موثرات یعنی ایک تو تدابیر منع حمل، دوسرے دوشیزگی کی بے وقعتی، نے مل ملا کر صورت حال یہ پیدا کر دی ہے کہ نوجوان عورتیں تقریباً سب کے سب بد چلنی کے لئے بس موقع ہی کی منتظر رہنے لگی ہیں۔ اور سوسائٹی کے ہر طبقہ کی عورتوں میں شہوانی بد چلنیوں میں پڑنے کا شوق بڑھتا ہی جا رہا ہے۔

عورتوں کا بڑی روز افزوں تعداد میں ملازمتی اور کاروباری سلسلوں میں داخل ہونا بجائے خود سبب ہے آوارگی اور بد چلنی کا۔ پچھلے زمانہ کی الگ تھلگ رہنے والیوں کو مردوں کے ساتھ اس آزادانہ اور بے تکلف اختلاط کے مواقع ہی اول تو کہاں حاصل تھے اور پھر اب تو لڑکیوں کے لئے ملازمت میں داخلہ اور عہدہ میں ترقی کی شرط ہی دوشیزگی کی نذر قرار پا گئی ہے۔ تھیٹر اور سینما کی زندگی میں تو یہ ہوا عام ہو چکی ہے لیکن بعض دوسری ملازمتیں بھی بجز بیسوائی زیر نقاب کے اور کچھ نہیں۔

اوپر ذکر آچکا ہے کہ جدید عورت کا لباس بجائے خود محرک نفس لباس ہے۔ کہنا یہ چاہیئے کہ آج عورت کی دلکشی، زنانہ لباس ہی کی دلکشی ہے۔ لباس کا مقصد ہی غالباً تحریک جذبات تھا اور مقصد اب صدیوں کے بعد پوری طرح حاصل ہو چکا ہے۔ خوش لباسی کے جادو کا حال کوئی بیسواؤں کے دل سے پوچھے اور پھر جدید ایکٹرسوں سے یہ ہی فن سوسائٹی کی حسین و جمیل خاتونوں نے بھی ہر زمانہ میں سیکھے رکھا ہے اور اب اس فن کے رموز و اسرار تقریباً ساری زنانی آبادی میں عام ہو گئے ہیں۔ اب شریف گھرانوں کی عورتیں اور اہل حرفہ کی عورتیں سب اس باب میں پیشہ ور بیسواؤں کی حریف و مقابل ٹھہر گئی ہیں اور رنگے ہوئے رخسار ور نگے ہوئے ہونٹ و رنگے ہوئے ناخون جو ابھی پچیس ہی سال ادھر آبرو باختہ بیسواؤں کے ساتھ مخصوص تھے اب بڑی بڑی شریفوں اور شریف زادیوں کی علامتیں قرار پاچکی ہیں، غرض یہ کہ شریف زادیاں اپنی بے عصمتی کے عام کرنے میں اب بڑی سے بڑی بازاریوں سے بھی پیچھے نہیں ہیں۔

ادبیات کی طرف رخ کیجئے، تو معلوم ہوگا کہ افسانہ کی ہیروئن، اب وہ معصوم بھولی، پارسا لڑکی نہیں ہے جو وکٹوریہ کے زمانہ تک تھی۔ اب وہ وہ ہے جو آوارگی سے خوب ذوق رکھتی ہے۔ وہ تلاش لطف میں نکلی ہے اور خوش وقتی کا حصول اس کا مقصد زندگی ہے۔ سنیما کے پردہ پر جو بھی طلافن، جو بھی زانیہ دکھائی جاتی ہے عملاً بیسوا ہی ہوتی ہے، سنیما کی غائت ہی ایسی عورت کو اچھالنا ہے جو لذت کی طلب میں، شہرت کی طلب میں، دولت کی طلب میں اپنی عصمت کا سودا پوری بے

حیائیوں کے ساتھ کرے۔

یہ ساری آزادیاں، یہ مردوں کے ساتھ اختلاط، یہ جدید رقص، ان سب نے مجموعاً و منفرداً عورت کے جذبہ شہوانی میں وہ زبردست تحریک پیدا کر رکھی ہے جس کی مثال بن بیاہیوں میں پچھلے زمانہ میں تو ملتی نہیں۔ یہ ممکن کیسے ہے کہ آپ مردوں اور عورتوں کو ایسی صورتوں کے ساتھ اکٹھا کریں کہ اگر فیشن کا زبردست حصار قائم ہوتا تو یقیناً قانون فوجداری کی دفعات عائد ہو جاتیں اور پھر اس اجتماع کے باوجود دونوں جنسوں میں سوئے ہوئے فتنے بیدار نہ ہو جائیں۔ کوئی انسانی جبلت شہوانی جبلت نہیں۔ وکٹوریہ کے عہد تک یہ محض تعلیم، تربیت، ماحول، ماں باپ کی نگرانی وغیرہ کا اثر تھا۔ جو لڑکیاں جنسی معاملات میں اس قدر بھولی بھالی رہتی تھیں اور اپنے شوہروں کے پاس پہلی رات گزارنے کے قبل جانتی بھی نہ تھیں کہ زن و شوہر کی یکجائی میں ہوتا کیا ہے۔ آج صورت حال یہ ہے کہ لڑکیاں ابھی اسکول بھی نہیں چھوڑنے پاتیں کہ جنس اور عشق سب سے واقف ہو جاتی ہیں۔ کالج کی لڑکیاں تو کہنا چاہئے کہ سب ہی اور اسکول کی لڑکیوں کی اکثریت اگر پورے عمل زوجیت سے نہیں تو اس کے بیشتر حصہ سے تو واقف ہی ہوتی ہیں۔

اور یہ نہ ہو تو ہو کیا۔ کنواری لڑکی کو جب جنسی معاملات میں معلومات اتنی حاصل ہو جائیں کہ اس کی نانی، دادی بھی حیران رہ جائیں اور جوش و شوق اتنا پیدا ہو جائے جو پہلے صرف خوش نصیب شادی شدہ بیویوں کا حصہ سمجھا جاتا تھا اور ساتھ ہی یہ بھی اطمینان ہو کہ گزر بسر کے لئے کسی مرد کا دامن پکڑنے کی ضرورت نہیں تو

شادی کی اہمیت تو روز بروز گھٹ ہی جانی چاہیے، اور کم از کم اس کی عجلت تو رہنی ہی نہ چاہیے، شوق پورا موجود، جوش پورا موجود، اب آخر کیوں شوق کو پورا کرنے کے لئے تیس سال کی عمر کا انتظار کیا جائے؟ کیوں نہ اس دوشیزگی سے فوراً دست برداری اختیار کرلی جائے جس کی اب کہیں قدر و پرشش نہیں؟ اور کیوں نہ لطف اندوزی و لذت گیری کے سارے مقامات طے کر لئے جائیں؟ آخر وہ کیوں اور کب تک اپنا دل مارے رہے؟ وہ کیوں نہ سارے مزے لوٹے جو بقول ناولوں کے، بقول ڈراما کے، بقول سنیما کے، ساری دنیا لوٹ رہی ہے، جنس مقابل کے ساتھ یا اپنی ہی جنس کے ساتھ کوں نہ بالآخر تجربہ کر کے، وہ اپنے مسئلے آپ حل کر لے؟

(پروفیسر مورنسن کے مقالہ کے صرف ایک حصہ کا یہ ملخص درج کیا گیا ہے، اصل مقالہ اس سے کہیں زیادہ مفصل اور مطول ہے)

***

۴

# لبیک، لبیک (حج منظر نامہ)

جلدی جلدی تازہ وضو کر کرا، جامہ احرام میں ملبوس، اپنے معلم کی رہنمائی میں حرم کو روانہ ہوئے۔ فاصلہ کچھ بہت زیادہ نہیں، کوئی تین فرلانگ کا ہو گا، چند منٹ میں پہنچ گئے ہوں گے مگر نہ پوچھیے کہ یہ چند منٹ اس وقت کے گھنٹے معلوم ہوئے!

زبان پر لبیکؔ لبیکؔ ہے، لیکن دل کہہ رہا ہے، کون سی تمنا ہے، جو اس وقت دل میں نہیں؟ تمناؤں کا ہجوم، آرزوؤں کی کش مکش اور پھر ہیبت و دہشت کہ کس دربار میں حاضری ہو رہی ہے۔ دل ہے کہ ہر لحظہ اس کی دہشت بڑھتی جا رہی ہے اور قدم ہیں کہ ہر قدم پر بھاری ہوتے جا رہے ہیں۔ کہاں کسی سیہ کار کی جبین اور کہاں کسی بے مکان و بے نشان کا سنگ آستانہ، یہ ناپاک قدم کس پاک سرزمین کو روند رہے ہیں؟ آہ یہ گلیاں تو تیرے اس خلیلؑ کے قدموں کے لائق تھیں، جو تیرے نام پر دہکتی ہوئی آگ میں کودا تھا اور جو محض تیرا اشارہ پا کر اپنے پلے پلائے نور نظر کے حلقوم پر چھری پھیر چکا تھا! اسی کم سن لڑکے کے لائق تھیں جو محض

تیری رضا کے لیے بے خطا و بے قصور اپنے ذبح کرانے کو حلق سامنے کر کے ہنسی خوشی لیٹ گیا تھا! تیرے اس حبیب اور محبوب بندے کے لائق تھیں جو تیرے نام اور تیرے پیغام کی منادی کرنے کے جرم میں انھی گلیوں میں سالہا سال ہر طرح کی ایذائیں سہتا اور اذیتیں برداشت کرتا رہا تھا۔

سنتے چلے آئے تھے اور کتابوں میں بھی بارہا پڑھا تھا کہ کعبہ تجلی گاہِ جلال ہے۔ یہاں تجلیات قہری کا زور ہے۔ روایتوں کا اثر دل میں بیٹھا ہوا تھا، ہیبت و دہشت کا غلبہ تھا، ہمت بار بار جواب دے رہی تھی، اور دل یہ کہہ رہا تھا کہ سامنا کیوں کر کیا جائے گا؟ "زمین،، کی زبان سے یہ مصرع بارہا سنا تھا کہ ع

تو مرا خراب کردی بہ ایں سجدہ ریائی!

اس دکھلاوے کے سجدے سے تو نے مجھے برباد کر دیا

دل کھٹک رہا ہے، ذرا کان لگا کر سننا کہیں یہ ندا اس وقت اسی مسجد حرم کی سرزمین سے تو نہیں آرہی ہے؟ شاعری کی دنیا میں بارہا یہ آواز کانوں میں پڑ چکی تھی۔

چو بطوف کعبہ رفتم بحرم رہم ندادند

تو بروں درچہ کردی کہ درون خانہ آئی

جب میں کعبہ کے طواف کے لیے گیا تو مجھے حرم میں داخل نہ ہونے دیا گیا اور کہا گیا کہ تو نے حرم سے باہر اپنی زندگی میں اللہ کی نافرمانی کی، اب بیت اللہ میں کس منہ سے آتا ہے۔

کیا آج اور اس وقت یہ شاعری حقیقت بن کر رہے گی؟ یا اللہ اس پاک سرزمین پر اپنی ناپاک پیشانی کو کیوں کر رگڑا جائے گا؟ اس عظمت و جلالت والے مکان کے طواف پر کیسے قدرت ہو گی؟ جن گلیوں میں ہاجرہ صدیقہؓ دوڑی تھیں، نبی کی ماں اور نبی کی بیوی دوڑی تھیں وہاں اس ننگ اُمت سے "سعی،، کیوں کر بن پڑے گی۔

لیجیے مسجد حرام کی چار دیواری شروع ہو گئی۔ کئی دروازے چھوڑتے ہوئے باب السلام سے اندر داخل ہوئے۔ کس کے اندر داخل ہوئے؟ اس ارض پاک کے اندر، اس بقعہ نور کے اندر، جہاں ایک ایک نماز ایک لاکھ یا کم از کم ایک ہزار نمازوں کے برابر ہے! اندر داخل ہوتے ہی نگاہ اس سیاہ غلاف والی عمارت پر پڑی، جسے خشکی اور تری میں نہ سما سکنے والے نے، زمین و آسمان، عرش و کرسی کی سمائی میں نہ آنے والے نے، وہم و خیال کی وسعت میں نہ گھرنے والے نے "اپنا گھر،، کہہ کر پکارا ہے۔ نگاہ پڑی اور پڑتے ہی، جہاں پڑی تھی، وہیں جم کر رہ گئی! اس گھڑی کی کیفیت کیا اور کن لفظوں میں بیان ہو۔ کہتے ہیں کہ موسیٰ کلیم اللہ کے ہوش و حواس کسی ایک تجلی کی تاب نہ لا سکے تھے۔ جب "تجلی بیت،، کا یہ حال ہے کہ ہوش و حواس قائم رکھنے دشوار تو "رب البیت،، کی تجلی نے خدا معلوم کیا غضب ڈھایا ہو گا۔ جب "گھر،، کی برق پاشیوں کا یہ عالم ہے تو "گھر والے،، کے انوار و تجلیات کی تاب کون بشری آنکھ اور انسانی بصیرت لا سکتی ہے؟ اللہ اللہ! کیا حسن و جمال، کیا رعنائی و زیبائی، کیا خوبی و محبوبی، کیا دلکشی و دلبری ہے! جن لوگوں نے اسے

قہر وجلال کی تجلی گاہ بتایا ہے، خدا معلوم انھوں نے کیا اور کس عالم میں دیکھا۔ اپنا تو یہ حال تھا کہ سر تاپا مہر وجمال ہی ٹپکتا نظر آتا تھا اور ہر چہار طرف سے رفق والفت، شفقت و مرحمت کے کھلے ہوئے پھولوں کی خوشبوئیں لپکی اور دوڑی چلی آ رہی تھیں۔ ابراہیمؑ کی خُلّت، اسماعیلؑ کی فداکاری، ہاجرہؓ کی مسکینیت، اللہ اکبر، جہاں تینوں، اکٹھا ہوں، انوار مہر وجمال کی تجلیات اس ٹھکانے سے بڑھ کر اور کہاں ہوں گی! اب نہ قلب کو اضطراب ہے، نہ طبیعت میں انتشار، نہ خوف نہ دہشت، نہ رعب نہ ہیبت، سر تا سر سکون ہے اور انبساط و سرور ہے اور نشاط! وَمَنۡ دَخَلَہٗ کَانَ اٰمِنًا کی تفسیریں بہت سی پڑھی تھیں لیکن جو تفسیر اس گھڑی بغیر کسی کتاب و عبارت کے توسط کے لوح قلب پر القا ہو رہی تھی، وہ سب سے الگ، سب سے نرالی، سب سے عجیب تھی اور اگر فاش گوئی کی اجازت دی جائے تو اپنے حق میں سب منقول و مکتوب تفسیروں سے بڑھ کر صحیح بھی تھی، آہ

در مصحف روے او نظر کن

خسرو، غزل وکتاب تاکے؟

اس کے چہرے کی زیبائی کو دیکھیے، اے خسرو! شعر وکتاب میں کب تک مشغول رہو گے۔

غزالیؒ، احیاء العلوم میں لکھتے ہیں کہ قیامت کے دن کعبہ کا حشر بناؤ سنگار کی ہوئی نئی دلہن کی شکل میں ہو گا، لیکن یہ قید اس روز کے لیے کیوں؟ اور اس کے مشاہدے کے لیے قیامت کے انتظار کی کیا ضرورت ہے؟ قسم ہے خانہ کعبہ کے رب

کی کہ کعبہ آج بھی نئی دلہنوں ہی کی طرح حسن و جمال، رعنائی و زیبائی، دلکشی و دلبری کے پورے سازوسامان سے آراستہ ہے، اور اپنی خوبی و محبوبی میں بجز مدینہ کی مسجد نبویؐ کے نہ کوئی شریک رکھتا ہے نہ سہیم۔ اسے محبوبیت کے جامے میں حسن و جمال کی جملہ اداؤں کے ساتھ اس عالم ناسوت میں کس نے نہیں دیکھا؟ آنکھیں رکھنے والوں نے دیکھا اور انتہا یہ ہے کہ جو بصیرت سے محروم، اور بصارت سے ضعیف ہے، اس تک نے دیکھا! شاید امام غزالیؒ ہی نے یا کسی اور بزرگ نے فرمایا ہے کہ آج جن آنکھوں نے خانہ کعبہ کی زیارت کی ہے کل ان میں اتنی قوت و استعداد پیدا کر دی جائے گی کہ وہ ربِ کعبہ کا بھی دیدار کر سکیں۔ اس مرتبے اور اس اکرام کا کیا کہنا، لیکن اس مرتبے کی توقع تو وہ کرے جو خود ذی مرتبت ہو۔ ہم جیسے درماندوں اور زبوں ہمتوں کے لیے مکیں کو چھوڑ کر مکان ہی کا دیدار خود کیا کم ہے! روایات میں آتا ہے کہ خانہ کعبہ پر نظر کرنا ایک مستقل عبادت ہے اور شاید کسی حدیث میں یہ تصریح بھی آگئی ہے کہ کعبہ پر روزانہ ۱۲۰ رحمتوں کا نزول ہوتا رہتا ہے جن میں سے ۶۰ ان کے لیے ہیں جو اس کے اندر نماز پڑھتے ہیں اور ۴۰ ان کے لیے ہیں جو اس کا طواف کرتے ہیں اور ۲۰ ان کے لیے ہیں جو اس کی طرف دیکھتے رہتے ہیں۔ لیکن اجر و عبادت سے قطع نظر کر کے اپنے ذوق و شوق اور ولولے کے لحاظ سے کون دل ایسا ہے جو اس کی ہوس دیدار سے خالی اور اس کی حرص نظارہ سے کورا ہوگا؟ جی بیتاب کہ دیکھیے اور پھر دیکھیے، ۱۰ بار دیکھیے، ہزار بار دیکھیے، دیکھتے رہیے، اور دیکھے جائیے اور دیکھنے سے کبھی نہ تھکیے۔ ع

نظارہ زجنبیدن مژگاں گلہ دارد

منظر اتنا خوب صورت ہے کہ آنکھ جھپکنے پر بھی نظارہ گلہ کرتا ہے کہ آنکھ جھپکنے کی مدت بھی منظر سے محروم کیوں ہوئی؟

بار معاصی و ذنوب سے دبا ہوا انسان! کیا تو گناہوں کے بوجھ کا مقابلہ اللہ کے عفوورحمت سے کرنا چاہتا ہے؟ تیرے گناہ خواہ کتنے ہی ہوں بہرحال گنے جاسکتے ہیں۔ پر خدائے رحمن ورحیم کے کرم بے حساب کی پیمایش ساری دنیا جہاں کے مہندس مل کر بھی کرسکتے ہیں؟ پھر یہ کیسی نادانی ہے کہ محدود کو غیر محدود کے مقابلے میں لایا جائے؟ کیا وہ جو اپنے بندوں کو محض انھیں نوازنے اور سرفراز کرنے کے لیے اپنے در پر حاضری کے لیے بلاتا ہے، وہ صرف نیک کرداروں کو چن لے گا اور نالائقوں کو اپنے آستانے سے دھتکار دے گا؟ اپنے خوان کرم سے اُٹھا دے گا؟ یہ خیال کرنا بھی کتنی سخت گستاخی اور کیسی صریح نادانی ہے؟ اسی لیے فرمایا ہے اس بشارت دینے والے نے جس سے بڑھ کر کوئی بشیر اب تک پردۂ زمین پر پیدا نہیں ہوا کہ

اَعْظَمُ النَّاسِ ذَنْبًا مَنْ وَّقَفَ بِعَرَفَۃِ فَظَنَّ اَنَّ اللّٰہَ لَمْ یَغْفِرْ لَہٗ، سب سے بڑا گنہگار وہ انسان ہے جو عرفات میں وقوف کرے اور یہ سمجھے کہ اس کی مغفرت نہیں ہوئی۔

اس پروانہ مغفرت کے بعد کیا کوئی دیوانہ ہے کہ جو اپنے سفر حج کو ضائع سمجھے؟ جو جو نعمتیں اس سہ ماہہ سفر میں نازل ہوئی ہیں، جو جو نوازشیں اس درمیان میں سرفراز کرتی رہیں، کس کی زبان میں طاقت ہے کہ ان کا شکریہ ادا کرسکے۔ بہرحال

جو کچھ پیش آیا وہ اپنی اہلیت سے کہیں بڑھ کر اور اپنے ظرف سے کہیں زائد...

ہاں، ایک پیام لایا ہوں ہر مرد کے لیے، ہر عورت کے لیے، ہر چھوٹے کے لیے، ہر بڑے کے لیے ایک پیام ہے اور وہ ایک پیام ہے جو مسجد حرام سے، خانہ کعبہ سے، مسجد نبویؐ سے، حجرہ مطہرہ سے، محراب شریف سے، منبر مبارک سے، منیٰ کی قربان گاہ سے، عرفات کے میدان سے، زمزم کے قطروں سے، خاک حرم کے ذروں سے، سب کہیں وہی ایک پیام ملا اور وہ پیام کونوا انصارَ اللّٰہِ کا ہے۔ وہ پیام دین کی نصرت کا ہے۔ ملائکہ رحمت نصرت دین کے مظاہروں کے اشتیاق میں ہیں خواہ وہ معرکہ بدر کی صورت میں ہوں یا واقعہ کربلا کی شکل میں!

(ماخوذ: سفر حجاز)

***

# ۵

# سچی باتیں (۷ کالم)

## الف: حمیت دینی

آج (خدانخواستہ) کوئی آپ کے خاندان کو برا کہتا ہے، تو آپ اُس سے لڑنے کو تیار ہو جاتے ہیں، کوئی آپ کے والد ماجد کی شان میں گستاخی کرتا ہے، تو آپ کا جی چاہنے لگتا ہے، کہ اپنی جان اور اس کی جان ایک کر دیں، کوئی آپ کے پیر و مرشد کے حق میں کوئی نازیبا کلمہ زبان سے نکالتا ہے، تو آپ چاہتے ہیں کہ اس کی زبان پکڑ کر کھینچ لیں، کوئی انگریز، آپ کے ملک پر، قوم پر، معاشرت پر، کوئی اعتراض کرتا ہے، تو آپ غصہ سے تِلملا جاتے ہیں۔ یہ سب عین فطرتِ بشری کے موافق ہے، اور شریعت نے بھی اِس طبعی انتقام کو جائز رکھا ہے۔ شرافت نے اس جذبہ کو غیرت سے تعبیر کیا ہے، اور جس کی یہ حس مردہ ہو چکی ہے، وہ غیر و حمیت، اور شرافت کی آبادی کے حلقے سے خارج ہو چکا ہے، ایسے ہر موقع پر خاموشی اور جمود کا صحیح نام، تحمل و رواداری نہیں، بے حسی و بے غیرتی ہے۔

یہ کیا ہے، کہ اللہ اور اُس کے دین پر، اللہ کے رسول اور اُس رسول کی شریعت پر حملے ہوتے ہوئے آپ اپنی آنکھوں سے دیکھتے ہیں، گندے سے گندے جملے،

سخیف سے سخیف عبارت میں ہوتے ہوئے آپ دیکھتے ہیں، اور خاموشی کے ساتھ در گزر کر جاتے ہیں۔ رسولؐ کے مقدس صحابیوں کو آپ کے سامنے معاذ اللہ خائن، غدّار، بد دیانت، خدّاع، کذّاب، مفتری بتایا جا رہا ہو، پیمبر بر حق حضرت مسیح علیہ السلام کی جی بھر کر توہین کی جا رہی ہے، سرور کائنات کے اسم مبارک کو بغیر ادنیٰ لقب تعظیمی کے، محض "محمد" لکھ لکھ کر چھاپا جا رہا ہے، نماز پر مضحکہ کیا جا رہا ہے، عبادت تالیاں بج رہی ہیں، جنت و جہنم کے نام پر قہقہے لگ رہے ہیں، حور و ملائکہ، رضوان و مالک سے تمسخر جاری ہے، خود ذاتِ باری تعالیٰ کے ساتھ توہین کا کوئی دقیقہ اُٹھ نہیں رہا ہے۔ یہ سب کچھ آپ دیکھ رہے ہیں، اور اپنی "رواداری"، "مصالحت جوئی" اور "آشتی پسندی" کا ثبوت اپنے سکوت محض دے رہے ہیں! "بے زبانی، اچھی چیز ہے، مگر کیا اُس وقت بھی جب آپ کے محبوبوں اور سرداروں کے خلاف 'بدزبانی' کا طوفان پھیل رہا ہو؟ اسلام پر، بزرگان دین پر، صالحین امت پر، انبیائے بر حق پر، ارکان دین پر، شریعتِ اسلام پر، خدائے اسلام پر، یہ کھلے ہوئے لائبل چھَپ چھپ کر شائع ہو رہے ہیں اور آپ کی غیرت و حمیت ایک بار بھی حرمت میں نہیں آتی!

جیل جانے کا سوال نہیں، جان دے دینے کا مذکور نہیں، کوئی یہ نہیں کہتا کہ آپ فوجداری پر آمادہ ہو جائیں، یہ بھی ضروری نہیں، کہ آپ ہتکِ عزت اور جذبات مذہبی کے مجروح ہونے کی بنا پر عدالتوں کا دروازہ کھٹکھٹائیں، لیکن اقل مرتبہ، یہ تو آپ بغیر کسی زحمت و دشواری کے، کر سکتے ہیں، کہ اس کفر نوازی اور الحاد پروری سے علانیہ اپنی علیحدگی، بے تعلقی، تبرّی، و بیزاری کا اظہار کر دیں، اور

ان گندگیوں کے نشر واشاعت کو جو امانت وامداد براہِ راست یا بالواسطہ آپ سے، آپ کے عزیزوں سے، آپ کے دوستوں سے، آپ کی برادری والوں سے، آپ کی بستی والوں سے پہونچ رہی ہے، اُس سے قطعی اور یکسر دست برداری اختیار کرہی لی جائے! ارشاد ربّانی، لا تعاونوا علی الاثم والعدوان (گناہ اور سرکشی کی مدد نہ کرو) صاف اور صریح ہے، اور اعانت کی ہر صورت کو حاوی۔

## ب: حضور اکرم ﷺ کی پکار

لا تجعلوا دعاء الرسول بینکم کدُعاء بعضکم بعضًا۔ (نور)

مسلمانوں سے، مسلمانوں کے رب کا ارشاد ہوتا ہے، کہ ہمارے رسول کے پُکارنے کو دوسروں کی پُکار پر قیاس نہ کرو۔ عقیدۃً تو ظاہر ہے، کہ اُن کی امّت کہلا کر اُن کی آواز کو سب آوازوں پر اہم و مقدم سمجھتے ہی ہو، لیکن عملاً بھی اُنھیں کی بات کو سب پر بالا رکھو، اُن کی پُکار کو ہر دوسری پُکار پر مقدم رکھو، اور اُن کے بُلانے کو، کسی اور کا بُلانا نہ سمجھو، کہ جی چاہا، مانا، اور جی چاہا، ٹال دیا۔ اُن کی ہر آواز پر دوڑو، اُن کی ہر پُکار پر اُٹھ کھڑے ہو، اُن کے ہر ارشاد کو بے چون وچرا، بے حیلہ وحجت، واجب التعمیل سمجھو۔ ان کی ہر آواز دین کی آواز ہے، اللہ کی دین کی آواز ہے، اللہ ہی کی آواز ہے۔ بد بخت ہے وہ نام کا مسلمان، جو اُن کی آواز سُنے، اور لبیک بجائے اُن کے، کسی اور کی آواز پر کہے۔

صحابہؓ نے اِس حکم پر عمل کیا۔ نتیجہ جو کچھ نکلا، کسی سے مخفی ہے؟ آخرت میں جو کچھ مراتب حاصل ہوں گے، اُن سے قطع نظر کیجیے، اسی مادی دُنیا میں کیا کچھ نہیں مل گیا؟ حکومتیں ملیں، سلطنتیں ملیں، فتحمندیاں حاصل ہوئیں، سربلندیاں نصیب

میں آئیں، روپیہ ملا، خزانہ ملا، ناموری ہوئی، شہرت ہوئی، اعزاز واجلال سے بہرہ ور ہوئے۔ غرض دین کے علاوہ، دنیا بھی ملی، اور اس طرح ملی، جس طرح بڑے سے بڑے دنیا طلب کو مل سکتی ہے۔ لیکن "آپ"؟ آپ کا کیا حال ہے؟ آپ کا رسول کی پکار کے ساتھ کیا معاملہ ہے؟ آپ دوڑتے، کس کی پُکار پر ہیں؟ رسول کی پکار پر، یا اغیار کی پکار پر؟ کانگرس کی آواز، کانفرنسوں کی آواز، اسمبلی اور کونسل کی آواز، "صاحب" کی آواز، آکسفرڈ اور کیمبرج کی آواز، "نیشلزم" کی آواز۔۔۔۔۔ ایمان سے کہئے، کہ جو کشش آپ کے لئے ان آوازوں میں ہے، اُس کی نصف بھی رسولؐ کی آواز میں ہے؟

ایک وہ تھے، جنھوں نے رسول کی آواز سُنی، جاہل اور اُجڈ تھے، گنوار اور اُمّی تھے، دفعتہ حاکم اور بالادست ہوگئے، خوشحال اور مالدار بن گئے، دنیا اُن کے قدموں پر لوٹنے لگی۔ ایک آپ ہیں، کہ اپنی روشن خیالی کے زعم میں، اپنی عقل آرائی کے غرور میں، اس پُرانی آواز کو سُنی اِن سُنی کر رہے ہیں، اور حکومت تو کیا ملتی، روز بروز غلامی اور پستی ہی کی زنجیروں میں اور زیادہ کستے چلے جاتے ہیں، آج انگریز نے ٹھکرایا، کل ہندو نے دھکا دیا، پرسوں سکھ نے طمانچہ ماردیا۔ گریجویٹ ہوتے ہیں، سالہا سال "تعلیم" حاصل کرتے ہیں، صحتیں برباد کرتے ہیں، ہزار ہا روپیہ ڈگری کی ہوس میں لگادیتے ہیں، اور پھر دُنیا ہے، کہ ہاتھ سے نکلی ہی چلی جاتی ہے!

## ج: ایمان و عمل

اگر آپ کے سامنے کوئی یہ بحث زور دے دے کر چھیڑے، کہ انسان کے

لئے آنکھیں بڑی نعمت ہیں یا کان، تو آپ کیا کریں گے؟ اگر کوئی شخص آپ کے سامنے یہ بحث تصفیئے کے لئے بار بار پیش کرے، کہ انسانی زندگی کے لئے دل زیادہ ضروری ہے، یا دماغ، تو آپ کیا فیصلہ صادر کریں گے؟ ظاہر ہے کہ بجز مُسکرا کر مُنہ پھیر لینے کے، آپ کے لئے کوئی چارہ نہیں۔ کان کی نعمت سننے کے لئے ہے، آنکھ کی دیکھنے کے لئے، آواز کا ادراک ایک کے ذریعہ سے ہوتا ہے، روشنی کا دوسرے کے واسطہ سے۔ بڑی یہ نعمت بھی ہے، اور وہ نعمت بھی۔ انسانی صحت اور زندگی کے لئے ضروری دل کا وجود بھی ہے اور دماغ کا بھی۔۔۔۔۔۔اس طرح کے سوالات پیدا کرنے، اور انھیں مہتم بالشان بنانے کو اگر آپ فتور عقل کا نتیجہ نہیں، تو تضیع وقت کا ذریعہ تو یقیناً سمجھیں گے۔

آج عقل کی فراوانی اور دانش کی ارزانی کا مظاہرہ یوں کیا جارہاہے، کہ ایمان اور عقل کے درمیان موازنہ اور تقابل شروع کر دیا گیاہے، اور رہ رہ کر یہ سوال چھیڑا جارہاہے، کہ نجات کے لئے ایمان ضروری ہے یا حُسن گُل؟ یہ مقدم ہے یا وہ؟ کافی ایک ہے یا دوسرا؟ آپ یہ سوالات سُن کر چکر میں آجاتے ہیں، اور حریف کے سامنے اپنی پریشانی اور گھبراہٹ کا اظہار کرنے لگتے ہیں۔ سوال خود ہی مہمل ہے۔ آپ جواب کی زحمت اُٹھانے کے بجائے، خود سوال ہی کو سائل کے مُنہ پر اُلٹ دیجئے، اور خود اُسی سے پوچھئے کہ ایمان اور حُسن میں فرق کیاہے؟ سلسلۂ نجات میں ایک کو دوسرے سے جدا کرنا ممکن کیونکر ہے؟ دُنیا میں کوئی مکان آج تک ایسا تعمیر ہو سکاہے، جس میں بنیاد یا اوپر کی عمارت میں سے، کوئی ایک چیز غائب ہو؟ ایمان بمنزلۂ بنیاد ہے، اور حُسن عمل اُس کے اوپر کی عمارت۔ مکان کا اطلاق تو اس مجموعہ پر

ہو گا، نہ کہ اُس کے ایک جزء پر۔

نجات مقصود ہے، تو ایمان کو بھی سنبھالئے اور اعمال کو بھی۔ مغفرت کی طلب ہے تو عقائد بھی درست کیجئے اور حُسن عمل پر بھی مداومت رکھئے۔ فلاح مطلوب ہے، تو آمنُوا کی بھی تعمیل کیجئے، اور واعَملُوا الصالحات میں بھی داخل ہو جیئے۔ حکم کو سنئے بھی، اور حکم پر چلئے بھی۔ منزلِ مقصود کو بھی نظر میں رکھئے اور قدم بھی اُٹھاتے رہیئے۔ اگلوں نے یہی کیا، اللہ نے یہی بتایا، رسولؐ نے اسی راہ پر چَلایا۔ لیکن اگر خدانخواستہ فکرِ نجات ہی سے اِعراض ہے، صلاح وفلاح مطلوب ہی نہیں، اگر مدّ نظر محض مضمون تراشی اور ہنگامہ پروری ہے، تو بے شک وشبہہ، ایمان وعمل کے تصادم پر قلم چلاتے رہیئے، برہمن کے ناجی اور شیخ کے ناری ہونے پر "عجیب وغریب نظریۂ دینی" لکھ لکھ کر چھاپتے رہیئے تا آنکہ وہ وقت آجائے، جب بغیر کسی کے بتائے، اور بغیر کسی کے سُلجھائے خود ہی ہر حقیقت بے نقاب ہو کر سامنے آجائے۔ اور "بلند ومعزز" فرعون "حقیر وذلیل" اسرائیلیوں ہی کی طرح ایمان لانے پر مجبور ہو جائے!

## د: موت وحیات کی کشمکش

بمبئی کے انگریز مصور ہفتہ وار ٹائمس آف انڈیاؔ (۲/اگست کے پرچہ) میں ایک انگریز شکاری کی تصویر شائع ہوئی ہے، جو شیر کا شکار کرنے گیا تھا۔ شیر نے اُلٹا خود اُسی پر حملہ کر دیا۔ تصویر میں منظر یہ دکھایا ہے، کہ شیر اپنے پچھلے پیروں پر کھڑا ہوا، پوری غضبناکی، خون ریزی اور درندگی کے ساتھ شکاری پر حملہ آور ہے، شکاری کی بندوق دانتوں میں لئے ہوئے چاہتا ہے، کہ چبا کر ریزہ ریزہ کر ڈالے، اور پنجوں

سے چاہتا ہے کہ شکاری کے چہرہ اور بازو کو چیر پھاڑ کر رکھ دے۔ شکاری کے چہرہ پر ہوائیاں اُڑ رہی ہیں، وہ سمجھ رہا ہے، کہ جانور کا نہیں، ملک الموت کا سامنا ہے، خون کے شرارے جسم سے جاری ہیں، پھر بھی ہمت وپامردی سے مقابلہ کئے جارہا ہے، یہاں تک کہ (اخبار کے مضمون نگار کی تصریح ہے) غالب آجاتا ہے، زخمی درندہ مہلک زخم کھاکر خود ہی بھاگ نکلتا ہے۔

حکایت اپنے سارے جزئیات میں صحیح ہو یا نہ ہو، یہاں سوال صرف یہ ہے کہ آپ نے اس قصہ سے کوئی سبق حاصل کیا؟ آہ، کہ ہم بھی اسی طرح دُنیا کے وسیع صحراء میں، خواہشوں اور آرزوؤں کے لق ودق جنگل میں ایک بڑے زبردست وہیبتناک درندہ کے چنگل میں گرفتار ہیں۔ ہم کو بھی ایک بڑے پُر قوت موذی سے اسی طرح دست بدست جنگ، اور مَوت وحیات کی کشمکش درپیش ہے، اِس دشمن کا نام شیطان رکھئے، یا نفس کہہ کر پکاریئے، بہر حال مقابلہ شیر ہی کی طرح سخت ہے۔ الحمدللہ کہ ایمان کی بندوق ہر مومن کے ہاتھ میں ہے، درندہ اس پر بھی حملہ کرے گا، لیکن اگر ہم نے بندوق کا استعمال پوری طرح سیکھ لیا ہے، اگر ہم نے ایمان کو اپنے قلب میں راسخ کرلیا ہے، تو ان شاء اللہ خود اُس حملہ آور کے دانت ٹوٹ کر گر جائیں گے، اور یقیناوہ موذی باالآخر خود ہی ناکام وخوار ہو کر بھاگے گا شرط یہ ہے، کہ ہمت قوی رہے، مقابلہ پامَردی سے جاری رہے، اور ضعف وبُزدلی دل میں راہ نہ پانے پائے۔

آیئے، ہم اور آپ مل کر، تنہائی کی گھڑیوں میں، رات کی خلوتوں میں، دل کی رقّتوں کے ساتھ، رو کر اور گڑگڑا کر، رکوع میں جھک جھک کر، اور سجدہ میں گر گر

کر یہ دعامانگیں، کہ اے حاکموں کے حاکم اور مالکوں کے مالک، زندگی جو جس طرح کٹ رہی ہے، بہر حال کٹ ہی جائے گی، لیکن جب وہ وقت آئے، کہ گرم گرم سانس سینہ میں گھٹنے لگے، یہ چلتی ہوئی زبان لڑکھڑا لڑکھڑا کر رُکنے لگے، یہ چمکتی ہوئی آنکھیں پتھرانے لگیں، یہ پنڈلیاں برف کی طرح سرد ہو کر رہ جائیں، یہ عزیز خون رگ رگ کے اندر کھنچ کر نکلنے لگے، اپنی آنکھ اور اپنے کان اپنے ہاتھ اور پانے پیر سب دغا دے کر رہیں، یہ دھڑکتا ہوا دل اپنی آخری دھڑک کے ساتھ بند ہونے لگے، اُس وقت اے کریموں کے کریم، اور داتاؤں کے داتا، آخری کشتی اُس دیو لعین کے ہاتھ نہیں، تیرے رسولؐ کے امتی کے ہاتھ رہے، اپنی کریمی اور رحیمی کے صدقہ، اُس گھڑی غلبہ اسی مشت خاک کو دینا! زندگی کے سارے سانس اگر کفرانِ نعمت میں گزر رہے ہیں، تو گزرتے رہیں، لیکن سب سے آخری سانس، کفر پر نہیں، ایمان پر، تیری توحید کے ایمان، اور تیرے رسولؐ کی تصدیق پر ٹوٹے!

## ۵: اتہام تراشی

رسول کریمؐ کے زمانے میں، جب بعض منافقین کی شرارت سے، امت کی سب سے بڑی مومنۂ صدیقہ پر ایک نہایت گندی تہمت لگی، اور اس کے چرچے پھیلے، تو کلام مجید میں یہ دو آیتیں نازل ہوئیں:-

(ا) لولا اذ سمعتموہ ظن المؤمنون والمؤمنات بأنفسہم خیرًا و قالوا ھذا افک مبین۔

جب تم لوگوں نے یہ گندی حکایت سنی تھی، تو مسلمان مردوں اور عورتوں نے اپنے لوگوں سے متعلق گمان نیک سے کام نہ لیا، اور چھوٹتے ہی یہ کیوں نہ کہہ دیا، کہ یہ صریح افتراء ہے!

(۲) ولولا اذ سمعتموہ قلتم مایکون لنا أن نتکلم بہذا، سبحانک ہذا بہتان عظیم، یعظم اللہ أن تعودُوالمثلہ أبداً ان کنتم مؤمنین۔

اور جب تمہارے کانوں تک یہ گندی حکایت پہونچی تھی، اُسی وقت تم نے یہ کیوں نہ کہہ دیا، کہ ہم کو، ایسی بات منہ سے بھی نہ نکالنا چاہئے۔ معاذ اللہ یہ تو بڑی سخت تُہمت ہے۔ اللہ تمہیں حکم دیتا ہے کہ اگر تم ایمان والے ہو، تو ایسی حرکت پھر ہرگز کبھی نہ کرنا۔

خبر کے گڑھنے کا ذِکر نہیں، اتہام تراشی کا مذکور نہیں۔ گڑھی ہوئی خبر کے صرف قبول کرنے، اور بے سوچے سمجھے اُس کے چرچے کرنے پر یہ ڈانٹ پڑرہی ہے۔ کسی مسلمان پر افتراء تو کوئی مسلمان کیوں کرنے لگا، کسی افتراء کو قبول کرنا، اور اُس کی اشاعت میں معین ہونا بھی ہرگز کسی مسلمان کا کام نہیں ہوسکتا۔ ارشاد ہوتا ہے، کہ ایسی نامعقول روایتوں اور حکایتوں کے سننے کے ساتھ ہی انھیں رَد کردینا چاہئے، اور کسی مسلمان کی عزت پر حملہ سُن کر اُسی وقت اس کے قبول کرنے سے صاف انکار کردینا چاہئے۔ وہ مسلمان کیسا، جو دوسرے مسلمان کی دیانت پر، عزت پر، اخلاق پر، حملہ ہوتے ہوئے دیکھے، اور چپکا بیٹھا رہے، یا یہ کہہ کر اپنا پیچھا چھُرالے، کہ سُنا ایسا ہی تھا۔ اُسے تو فوراً اُٹھ کر اُس کی تردید کرنا چاہئے۔ بغیر اس کے وہ مسلمان ہی کیسا اور اُس کا ایمان ہی کیا!

آج دنیائے اسلام کے کسی گوشہ میں، اس پر عمل ہے؟ پبلک جلسے ہوں، یا گھروں کے اندر تخلیہ کی صحبتیں، اخبارات کے مقالات ہوں یا خانگی خطوط، کہاں یہی چرچے یہی تذکرے نہیں، کہ فلاں لیڈر قوم کا روپیہ کھاگیا، فلاں لیڈر

انگریزوں سے مل گیا، فلاں لیڈر نے ہندوؤں سے رشوت لے لی، فلاں مولانا صاحب چھپے رستم نکلے، فلاں شاہ صاحب کی چوری پکڑ لی گئی، محلہ کے چودھری صاحب کی جوہریوں کھُل کر رہے، شہر کے قاضی صاحب کی یہ یہ حرکتیں ظاہر ہوئیں، اس کا گھر جواریوں کا اڈّا ہے، اُس کے ہاں کی بہو بیٹیوں تک کی عزت کا ٹھیک نہیں؟ جہاں چار مسلمان جمع ہوئے، نہ خدا کا ذِکر نہ رسول کا، نہ موت کی یاد، نہ آخرت کا فکر، بس غیبتیں ہیں تو مسلمانوں کی، اور بدگوئیاں ہیں تو اپنے ہی بھائی بندوں کی! ایک ایک گھر کے پتّرے کھُل رہے ہیں، اور دُنیا جہان کا کوئی عیب، کوئی الزام، ایسا نہیں، جو خود مسلمانوں ہی کی زبان سے مسلمانوں پر نہ لگ رہا ہو! تہمتیں تراشنے والے مسلمان، اُن پر یقین کرنے والے مسلمان، اُنھیں پھیلانے والے مسلمان، نتیجہ رنجشوں، عداوتوں، مقدمہ بازیوں، فوجداریوں کی صورت میں، روزآنہ موجود، لیکن زبانوں کی چاٹ ایسی پڑی ہوئی، کہ ساری تکلیفیں گوارا، لیکن ان چرچوں اور تذکروں سے ہاتھ اُٹھانا ناممکن!

## و: اتحاد و اتفاق کا عملی نمونہ

حج کے موقع پر مِنیٰ میں رسول اللہ ﷺ کا طریقہ یہ تھا، کہ نماز بجائے پوری پڑھنے کے، قصر سے ادا فرمایا کرتے تھے۔ حضرت صدیقؓ اور حضرت فاروقؓ کا بھی اپنے اپنے عہد خلافت میں یہی طریقہ رہا۔ جب حضرت عثمان غنیؓ کی نوبت آئی، تو ابتداء میں آپ کا بھی اسی پر عمل رہا۔ بعد کو کسی مصلحت یا ضرورت سے آپ نے پوری نماز پڑھنی شروع کر دی۔ اس وقت جو صحابہ مِنیٰ میں موجود تھے، اُن میں ایک حضرت عبد اللہ بن عمرؓ بھی تھے۔ ان کا زہد و ورع عالم آشکار تھا۔ اتباعِ سنت کا ذوق

اس درجہ بڑھا ہوا تھا، کہ لوگوں کی نظر میں والہانہ جنون کی حد تک پہونچ گیا تھا۔ صرف عبادات ومجاہدات میں نہیں، رسولِ کریمؐ کی اتفاقی اور بشری عادات تک کی پیروی میں انہماک تھا۔ حج کے لئے نکلتے، تو جن جن راستوں سے حضور انورؐ گزرتے تھے، خود بھی گزرتے، جہاں جہاں حضورؐ نے منزلیں کی تھیں، خود بھی منزل کرتے، اور انتہا یہ ہے، کہ جس جس مقام پر حضورؐ نے طہارت فرمائی تھی، وہیں خود بھی طہارت کے لئے بیٹھ جاتے۔

ایسے عاشق صادق، ایسے پیروِ کامل کے دل پر نماز جیسی اہم ترین عبادت کے معاملہ میں سنتِ رسولؐ سے علیٰحدگی (خواہ وہ کیسی ہی مصلحت پر مبنی ہو) دیکھ کر کیا کچھ نہ گزر گئی ہوگی؟ لیکن اہل سیر متفق ہو کر یہ روایت لکھتے ہیں، کہ یہی ابن عمرؓ منیٰ میں جب تنہا نماز پڑھتے، تو حسب معمول وحسب سنتِ رسولؐ قصر ہی کرتے، لیکن جب امامِ وقت، خلیفۂ رسول کی اقتداء میں شریک جماعت ہوتے ہیں، تو خود بھی سب کے ساتھ چار ہی رکعتیں پڑھتے ہیں، اور جب اس پر لوگ حیرت سے سوال کرتے ہیں، تو جواب میں فرماتے ہیں، الخلافُ منکَرٌ۔ اختلاف و تفریق پیدا کرنا بڑی بُری بات ہے! اللہ اکبر! امت میں تفریق، اور جماعت میں انتشار پیدا کرنے سے کتنی نفرت اور اس کی کیسی اہمیت دل میں جاگزیں تھی!

اس مقدس وبرگزیدہ صحابی نے اتفاق واتحاد کے فوائد پر کوئی طویل لکچر نہیں دیا، نااتفاقی کے نقصانات پر کوئی "مقالۂ افتتاحیہ" تحریر نہیں فرمایا، محض اپنے عمل سے، اپنے کردار سے، اپنے آپ کو دوسرے کے تابع کر کے، دکھادیا، کہ امت کو تفریق واختلاف سے بچانا، کس قدر ضروری، اور اس غرض کے لئے ہر ایثار کس قدر

پسندیدہ ہے۔۔۔۔۔ آج زبانوں پر سب کے اتحاد، اتحاد، اتفاق، اتفاق، کی پکار ہے، لیکن کوئی صاحب بھی دوسرے کے آگے جھکنے، دوسرے کی بات کے سامنے اپنی بات کے دبا دینے، دوسروں کی رائے کے مقابلہ میں اپنی رائے کے مغلوب کر لینے پر آمادہ ہیں؟ افسر سب بننا چاہتے ہیں، کسی کو محض سپاہی بن کر رہنا گوارا ہے؟

## ز: انکار حدیث کا فتنہ

عن العرباض بن ساریۃ قال قام رسول اللہ فقال «اَیَحْسَبُ اَحَدُکُمْ مُتَّکِئًا عَلٰی اَرِیْکَتِہٖ، قَدْ یَظُنُّ اَنَّ اللّٰہَ لَمْ یُحَرِّمْ شَیْئًا اِلَّا مَا فِیْ ہٰذَا الْقُرْآنِ، اَلَا وَاِنِّیْ وَاللّٰہِ قَدْ وَعَظْتُ، وَاَمَرْتُ، وَنَہَیْتُ، عَنْ اَشْیَاءَ اِنَّہَا لَمِثْلُ الْقُرْآنِ، اَوْ اَکْثَرُ>> (مشکوۃ، بحوالہ ابی داؤد۔)

عرباضؓ بن ساریہ سے روایت ہے، کہ رسول اللہ ﷺ نے خطبہ میں کھڑے ہو کر ارشاد فرمایا، کہ کیا گمان کرتا ہے، تم میں سے ایک شخص، اپنے پلنگ پر تکیہ لگائے ہوئے، کہ اللہ نے اور کوئی چیز حرام ہی نہیں کی بجز اُن چیزوں کے جو قرآن میں حرام کی گئی ہیں؟ آگاہ رہو، کہ قسم خدا کی، کہ میں نے حکم دیئے ہیں، اور میں نے نصیحتیں کی ہیں، اور میں نے روکا ہے بہت سے چیزوں سے، کہ وہ بقدر قرآن ہی کے ہیں، بلکہ اس سے بھی زائد۔

عن المقدام بن معدی کرب قال قال رسول اللہ ﷺ << اَلا انی اُوتیت القرآن ومثلہ معہ اَلا یوشک رجل شبعان علی اَریکتہ یقول علیکم بھذا القرآن فما وجدتم فیہ من حلال فأحلّوہ وما وجدتم فیہ من حرام فحرموہ وانما حرم رسول اللہ کما حرم اللہ>> (مشکوۃ، بحوالہ ابوداود ودارمی وابن ماجہ۔)

مقدام بن معدی کربؓ سے روایت ہے، کہ رسولِ خدا ﷺ نے ارشاد فرمایا، کہ خبر دار رہو، یقیناً مجھے قرآن بھی عطا ہوا ہے، اور قرآن ہی کے مثل ایک اور چیز۔ خبر دار رہو، عنقریب ایک شکم سیر، اپنے چھپر کھٹ سے کہے گا، کہ بس قرآن ہی کو پکڑے رہو، قرآن ہی کے حلال کئے ہوئے کو حلال، اور قرآن ہے کے حرام کئے ہوئے کو حرام تسلیم کرو۔ حالانکہ اللہ کے رسول نے جو کچھ حرام کیا ہے، وہ بھی ایسا ہی ہے، جیسا کہ اللہ کا حرام کیا ہوا!

عن أبي رافع قال قال رسول اللہ ﷺ لا ألفين أحدکم متکئًا علی أریکتہ یأتیہ الأمر من أمري مما أمرت بہ أو نہیت عنہ فیقول لا أدري، ما وجدنا في کتاب اللہ اتبعناہ (مشکوۃ بحوالہ احمد، ابو داؤد، وترمذی وغیرہا۔)

ابو رافعؓ کہتے ہیں، کہ رسول اللہ ﷺ نے فرمایا، میں نہ پاؤں تم میں سے ایک شخص کو اپنے چھپر کھٹ پر تکیہ لگائے ہوئے، کہ میرا کوئی حکم اُس کو اوامر یا نواہی سے پہونچے، اور وہ کہنے لگے، کہ میں اسے تو جانتا نہیں، میں بس اُسی کی پیروی کروں گا، جو کچھ قرآن میں پایا ہے!

انکار حدیث کا جو فتنہ آج نئے نئے ناموں سے برپا ہو رہا ہے، اُس کا روشن وواضح عکس، آپ کو کاشانۂ نبوت کے اِس آئینہ میں نظر آرہا ہے، یا نہیں؟ کتنے صاف وصریح الفاظ میں امت کو آگاہ کیا جاچکا ہے، کہ امت ہی سے کچھ ایسے "سعادتمند" افراد اُٹھ کھڑے ہوں گے، جو کہیں گے، کہ ہمارے لئے بس تنہا قرآن کافی ہے، اور جو حدیث کے ماننے سے کھلّم کھلّا انکار کرنے لگیں گے!" وضع حدیث" پر مضمون نگاری کے ساتھ ہی مضمون آفرینی بھی کریں گے، اور کتب

احادیث کے ضخیم دفتروں سے چند ایسی حدیثوں کو پیش کر کے جنھیں خود محدثین اپنے اصولِ نقد سے رد کر چکے ہیں، نتیجہ نہ نکالیں گے، کہ عملاً کسی حدیث صحیح کا وجود ہی نہیں! "شکم سیری" اور "چھپر کھٹ پر تکیہ لگائے ہوئے نشست" کے الفاظ سے جس ذہنیت کا نقشہ کھینچا گیا ہے، وہ اسی علم و عقل، اِسی تلاشِ حق سے بے پروائی، اسی خود بینی و خود پسندی کا ہے۔

***

منتخب یادگار مضامین کا ایک اور مجموعہ

# الفاظ کا جادو

مصنف : عبدالماجد دریابادی

بین الاقوامی ایڈیشن جلد منظر عام پر آرہا ہے